教育部人文社会科学研究项目青年基金项目：林木生物质
能源产业链优化路径研究（项目号：13YJCZH131)资助

The Study on Optimization Path of
Forest Biomass Energy Industry Chain

林木生物质能源产业链优化路径研究

米锋 程宝栋◎著

经济管理出版社
ECONOMY & MANAGEMENT PUBLISHING HOUSE

图书在版编目（CIP）数据

林木生物质能源产业链优化路径研究/米锋，程宝栋著．—北京：经济管理出版社，2018.3

ISBN 978－7－5096－5717－1

Ⅰ.①林…　Ⅱ.①米…　②程…　Ⅲ.①林木—生物能源—产业链—产业结构优化—研究—中国　Ⅳ.①F426.2

中国版本图书馆 CIP 数据核字(2018)第 058923 号

组稿编辑：曹　靖
责任编辑：张巧梅
责任印制：黄章平
责任校对：陈　颖

出版发行：经济管理出版社
（北京市海淀区北蜂窝 8 号中雅大厦 A 座 11 层　100038）
网　　址：www. E－mp. com. cn
电　　话：(010) 51915602
印　　刷：北京玺诚印务有限公司
经　　销：新华书店
开　　本：720mm×1000mm/16
印　　张：11.25
字　　数：189 千字
版　　次：2018 年 4 月第 1 版　　2018 年 4 月第 1 次印刷
书　　号：ISBN 978－7－5096－5717－1
定　　价：68.00 元

序

能源是社会存在与发展的源泉，同时也是人类文明进步的重要物质基础。自18世纪60年代第一次工业革命以来，包括煤、石油、天然气在内的化石能源成为人类能源利用的主体，极大地推动了人类文明的工业化进程。随着世界经济的不断发展，化石能源消耗总量快速增长，过度开发和利用资源导致的生态破坏及环境污染问题日益突出。20世纪80年代，联合国召开了“联合国新能源和可再生能源会议”，提出“要以新技术和新材料为基础，使传统的可再生能源得到现代化的开发和利用”，发展可再生能源逐渐成为国际社会的共识和能源发展的方向。生物质能源作为可再生能源的重要组成部分，具有来源广泛、产品丰富的特点，日益成为国际社会关注的焦点。

目前，巴西乙醇燃料的消费量已经占到该国汽油燃料消费量的50%，应用规模列全球首位；瑞典生物质热电联产发电量占全国能源消费量的16.5%；美国和奥地利生物质能分别占一次能源消费量的4%和10%。我们看到越来越多的发达国家开始实现从传统能源向可再生能源利用的转变，这实际上也为我国未来能源发展提供了成功范例。

随着我国经济社会的快速发展，对能源的需求日益提高，大力发展可再生能源是我国能源战略的重要内容，也是保障能源可持续发展的重要手段。近年来，《中华人民共和国可再生能源法》《可再生能源中长期发展规划》等一系列法律法规政策的出台，也加快了发展可再生能源的进程。2016年10月，国家能源局制定发布的《生物质能发展“十三五”规划》明确提出，在具备资源和市场条件的地区，积极发展生物质成型燃料供热；在农林资源丰富的区域，稳步发展生物质发电。我国林业资源丰富，能源树种多样、能源林应用潜力巨大，同时快速发展的林业生产输出了大量的林业剩余物，这些都可以作为林业生物质能源产业发展的原料，不仅可以为林业生物能源产业可持续发展提供良好的物质基础，而且可为缓解国家能源危机、调整和优化能源结构、实现能源可持续供给提供有力的资源保障，所以我国林业生物质能发展前景非常广阔。根据我国林业发展目标，力争到2020年，建成能源林1678万公顷，林业生物质年利用量超过2000万吨标准煤，其中，生物液体燃料贡献率为30%，生物质热利用贡献率为70%，形成林业生物质能源种植、生产、加工转换和应用的完整产业链。同时已经出台的《林业产业“十三五”规划》也将“生物质能源多联产发展工程”列为推进林业产业可持续发展的发力点。目标的制定和相关政策措施的出台，都为我国林业生物质能源产业的创新发展奠定了坚实基础。

《林木生物质能源产业链优化路径研究》是目前比较全面地以产业链优化为落脚点对林木生物质能源产业进行研究的专著。该书明确界定了林木生物质能源产业链的概念，动态揭示了产业链的演化过程，并且结合案例，全面、系统地分析了我国林木生物质能源产业的发展现状及存在问题，同时定量、深入地剖析了影响当前产业发展的重要因素。最终基于上述研究成果，确定了林木生物质能产业链优化的关键路径和战略环节。尤其值得关注的是，作者的研究基于实地走访的20余家林木生物质能企业，这些企业经营的范围涵盖了林木生物质能产业的方方面面，能够真实、全面地反映我国林木生物质能产业的发展情况。此外，在本书的分析过程中，注重定量分析与定性分析的结合，把一些先进的分析模型引入产业链研究，使研究结论更为科学和准确。所以说，这项研究对于政府部门了解当前林木生物质能源产业发展情况，以及制定产业发展政策具有很好的参考价值。

林木生物质能源产业是一个涉及我国广大林农、林业企业、当地林业部门等多个主体的复杂产业系统，这一产业的优化发展对于精准扶贫、中小企业发展、林业经济发展以及国家能源安全保障都具有重要意义。希望专家学者对于林木生物质能源产业发展问题进行更为全面、深入的研究，为林业产业的可持续发展做出更大的贡献！

2017年12月

前　言

生物质能是重要的可再生能源，具有绿色、低碳、清洁、可再生等特点。根据国家“十二五”规划，生物质能源作为唯一可替代传统化石能源的可再生能源，被列为国家七大战略性新兴产业之一。加快生物质能开发利用是推进能源生产和消费革命的重要内容，也是改善环境质量、发展循环经济的重要任务。林木生物质能源作为生物质能源的重要组成部分，具有储量大、可持续的特点，其面临着重大发展机遇。根据党的十八大和十八届三中、四中、五中全会和中央经济工作会议精神，应坚持创新、协调、绿色、开放、共享的发展理念，紧紧围绕能源生产和消费革命，主动适应经济发展新常态，按照全面建成小康社会的战略目标，把生物质能作为优化能源结构、改善生态环境、发展循环经济的重要内容。发展林木生物质能产业作为建设生态文明的一大举措，被提到国家林业发展战略的高度，成为新形势下现代林业的重大问题之一。在此背景下，加快培育和发展林木生物质能产业，成为改善民生、促进资源节约型和环境友好型社会建设的必然选择。产业化是林木生物质能今后的发展方向，健康的产业化发展能够有效实现资源的可持续利用，而产业化的载体是产业链，产业链运行的好坏直接决定了产业发展的好坏，因此如何构建合理有效的林木生物质能产业链，以及转变其薄弱产业的现状是目前亟待解决的问题。

针对林木生物质能产业发展问题，结合中外文献研究的基础，展开对中国林木生物质能产业链优化路径的研究，大致可分为四大部分：林木生物质能产业链的概念及形成机制分析、林木生物质能产业链现有模式及存在问题、林木生物质能产业链影响因素、林木生物质能源产业链优化对策。

在林木生物质能产业链的概念及形成机制探析中，本书在能源危机不断加强及可再生新能源应运而生的背景下，在评述传统价值链、供应链的研究基础上，综合价值链、核心竞争力、战略联盟、政府和企业等角度，结合林业生物质能源的特点，对林木生物质能源产业链的概念进行界定，即林木生物质能源产业链是指围绕林木生物质能源产品（主要包括林木生物质成型燃料、林木生物质发电、林木生物质柴油和林木生物质燃料乙醇）的原料获取、仓储运输、生产加工、仓储运输、终端销售五大环节所形成的关联。基于林木生物质能源产业链的概念，本书从政策、经济、社会、技术四个方面对产业链形成的动因进行深入剖析，并借助四维动态蛛网模型揭示了林木生物质能产业链的演化过程。

在明晰林木生物质能产业链的概念和动态演化过程的基础上，本书从原料供应、产品生产、产品销售三大环节分别构建了林木生物质成型燃料、林木生物质发电、林木生物质柴油和林木生物质燃料乙醇四大林木生物质能源产品现有的产业链模式，剖析了各类林木生物质产品各环节不同模式的发展现状、存在问题及应用前景。并且，本书针对不同林木生物质能源产品的产业链运营模式，提供了具有典型性的企业案例进行具体分析，并作为前期理论分析的佐证。

通过对不同林木生物质能产业链现有模式的分析可知，不同产品的相关产业发展的情况不尽相同，林木生物质固体燃料产业链发展较快且较完善，林木生物质液体燃料产业链可扩展范围较广，但发展缓慢。所以对林木生物质能产业链影响因素进行探究，旨在解析不同类别产业链发展产生差异的原因，这对于产业链发展优化路径的选择具有必要性。本书通过结合定量和定性研究方法，利用长度（Length）、宽度（Breadth）、关联度（Correlativity）和厚度（Thickness）四维演变模型（LBCT 模型）和波特钻石理论，从链外和链内两个角度，以及产业链长度、宽度、关联度和厚度四个维度，构建了包括产品需求、产业政策、行业技术、环境负荷、资源因素、投资能力、技术创新能力、管理调控能力的林木生物质能产业链影响因素综合分析体系，并结合数据，利用结构方程对影响林木生物质能产业链发展的因素进行了测度。

由影响因素分析得出，林木生物质能源产业链的扩展受到需求、政策、行业技术、环境、资源、投资、企业技术创新能力等内外驱动力的共同影响。因此，林木生物质能产业发展的关键路径应着眼于上述因素进行选择。本书综合复杂网络和关键路径法理论，借助投入产出效率来制定林木生物质产业链网络图的边权效率，最终依据边权最大化原则得出以林木剩余物制取生物柴油是当前实现林木生物质产业效率最大化的发展路径。对于产业链内部的战略环节选择，本书利用灰色关联法得出，销售环节对于林木生物质能源产业总产值具有最明显的影响，其次是原料供应环节，最后是加工环节。本书借助云南神宇集团进行典型案例分析，验证了林木生物质能产业链战略环节选择的合理性。

本书是2013年教育部人文社会科学项目青年项目“林木生物质能源产业链优化路径研究”的主要成果。本书由米锋和程宝栋完成全书的框架设计、文稿统筹和定稿送审工作。本书大量一手素材的获取得益于福建省三明市林业局、广西壮族自治区林业厅、云南省林业厅、内蒙古自治区林改办、湖北省林业厅等相关部门的大力支持，以及福建森美达生物科技有限公司、北流凯迪生物质能电厂、内蒙古毛乌素生物质热电有限公司、神宇新能源有限公司、阳光凯迪新能源集团有限公司等共计20余家企业的倾力配合，在此对鼎力协助的个人、企业和林业部门表示诚挚的感谢！在本书的研究写作过程中，北京林业大学经济管理学院的研究生潘文婧、张勤、张轩畅、张敏、郭姣、来飞、景兴丽、张承焕等参与了本书的资料查阅、收集及初稿撰写工作；宋维明、陈建成、温亚利、张彩虹、张大红等教授对书稿提出了宝贵的建议。同时本书在成稿过程中参阅了大量的相关文献资料，对作者一并表示由衷感谢！

在编写过程中，笔者虽然查阅了大量的国内外文献资料，也进行了多次实地调研、访谈，但限于林木生物质能产业发展的特性和笔者自身水平的局限性，本书成果仍有许多不妥之处，望广大读者不吝指正！

米 锋

2017年12月

目　录

第1章 绪论

1.1 研究背景

能源是人类赖以生存的物质基础和保障，从某种意义上来讲，人类社会的发展可以归因于优质能源的发掘以及先进能源技术的应用。尤其是进入21世纪以来，经济、文化和社会的发展步入新阶段，对于能源的需求也日益多样化、大量化（罗凌，2012）。在煤炭成为现代工业发展的主要动力以前，生物质能是维持人类生产生活所需能源的唯一来源，它是通过转化太阳能而储存在植物体内的。但是，伴随着不断加速发展的工业化进程，煤炭资源成了维持现代工业运转的血液，相继加入的新鲜血液是石油，现已成为工业生产中不可或缺的核心要素。能源结构的变化一方面彰显了人类社会生产能力的飞速进步，以及物质财富数量和质量的显著增加；另一方面也预示着环境污染问题的严峻性，温室效应日益加剧，最终将导致人类社会生存环境的急速恶化。

随着“石油危机”“能源危机”等传统化石能源紧缺现象，以及“北美寒冬”“中国雾霾”等极端气候的频发，能源危机以及化石能源使用带来的环境与气候变化问题已成为当前威胁人类社会发展的两大难题，能源安全问题已上升到国家的高度。根据国际能源署（IEA）预测，全球初级能源需求将在2040年实现37%的增长比例（应启臣和曹勇，2016），且对煤炭和石油的需求将达到峰值，这将给未来的能源体系带来重大压力。此外，以哥本哈根世界气候大会为代表的全球性峰会也多次说明了气候变迁问题对于全球能源和生存问题的威胁，并提出必须找到科学有效的方法来实现燃烧物替代，减少有害气体排放，以抑制全球气候变暖。因此，值此能源结构呈现多元化发展趋势的新时期，实现清洁的可再生能源已经势在必行。

生物质能源是一种可再生的清洁能源，也被称为“绿色能源”，其开发和使用的全过程非常符合可持续的科学发展观和循环经济理念，也是当前全球应对能源危机和气候变化的重要举措之一。生物质能与人类生存的历史密切相关，“生物质”一词真正被大众不断关注开始于石油危机爆发后（孙凤莲，2010）。实际上，生物质能源的消费量现已仅次于石油、煤炭和天然气，成为世界第四大能源，目前生物质能源在世界能源总消费中占14%（管天球，2010），并且世界各国都已将开发利用的现代生物质能源作为能源发展战略和目标规划的重要组成部分。

未来全球的能源供应体系将会出现石油、天然气、煤炭、新能源“四分天下”的局面，世界能源发展将迈入一个新时代。在中国，新能源的发展尤其生物质能源的发展日益受到重视，图1-1显示了2006~2015年中国生物燃料的产量呈持续上升态势。

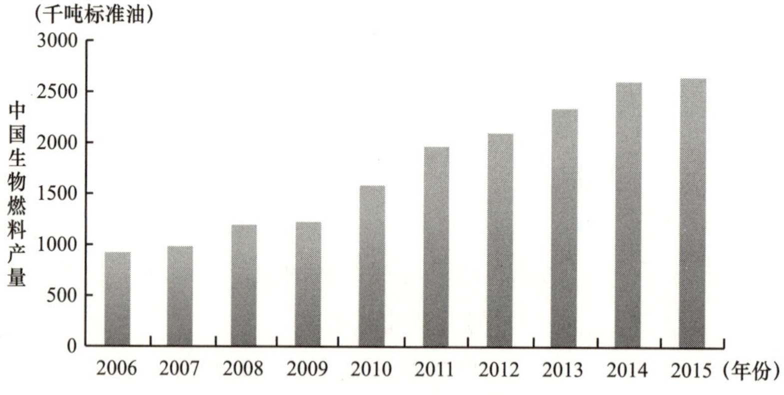

图1-1　中国生物燃料产量变化趋势

资料来源：BP世界能源统计年鉴，2016年。

林木生物质能源是生物质能源的重要组成部分，其利用是指将以草、木本植物为主的生物质，对其采用直接燃烧、热化学转化、生物转化、液化等技术，将存储在林木生物质中的化学能加以开发，并重点发展气化发电、供热、燃料乙醇、生物柴油等方面（徐福庆和张玉岩，1991）。发展林木生物质能源最重要的一个方面就是保障原料的持续供给，当前我国林木生物质资源产量约为每年5.64亿吨，能生产相当于3.2亿吨标准煤的生物质燃料。一般来说，每推动1亿吨木质资源转化为生物质燃料，将创造1000亿元的产值，实现0.6亿吨标准煤的化石燃料替代，减排二氧化碳1.8亿吨（迟诚，2009），并创造一定数量的就业机会。随着森林资源总量的不断扩大，木质资源产量也呈逐年增加的趋势，其充分利用所产生的环境效益、经济效益和社会效益十分可观。我国拥有丰富的林木生物质资源，其特点为生物量大、再生能力强、燃烧值高，现已具备开发林木生物质能源的条件，开发利用潜力大。当前，开发利用林木生物质能源已成为应对全球能源危机和气候变化的重要举措之一（张兰和张彩虹，2012）。根据国家“十二五”规划可知，生物质能源作为唯一可替代传统化石能源的可再生能源，被列为国家七大战略性新兴产业之一。

人口问题和环境问题是全球正在面临的两大难题，还有一个非常严峻的难题就是资源困境。林木生物质能源以其独特的优势成为生物质能源的一个重要组成部分，因此深入研究其在生物质能源中所占的比例结构，将对于研究林木生物质能源的合理开发与利用问题起着举足轻重的作用。我国林木生物质能源占生物质能源的87%左右（陈婧等，2012）。因此，对于林木生物质能源的开发利用既面临着重大的机遇，也面临着严峻的挑战。当前，如何科学、合理地开发林木生物质资源，既能使其满足社会发展对能源的需求，又能维护林业生态安全并且保持林木资源的可持续利用，已经成为当前该领域的重要研究内容。加快培育和发展林木生物质能源产业，成为改善民生、促进资源节约型和环境友好型社会建设的必然选择。在这样的战略背景下，产业化必然是林木生物质能源的发展方向（铁铮，2011）。此外，党的十八大赋予了生态文明建设一个特殊重要的地位，而发展林木生物质能源产业将作为建设生态文明的一大举措，被提到国家林业发展战略的高度，成为新形势下现代林业的重大问题之一（张志国，2012）。

我国林木生物质能源的开发与利用无论是在产业化技术储备方面还是在开发规模方面起步都相对较晚，尚处于追赶北欧、北美等地区的阶段。在20世纪80年代，农村对于薪柴的大规模使用主要是为了满足基本生活的用能需求，过度使用在一定程度上造成了森林资源的破坏。然而，随着日益加重的能源危机以及环境的持续恶化，开发和利用林木生物质能源的目的开始逐渐转变为替代化石燃料。目前我国的林木生物质能源产业正在快速发展，越来越多的转型企业和原生企业加入其中。作为一种以产出社会效益为主的弱质产业，我国多年来也陆续出台了一些相关政策法规以扶持该产业的发展。1998 年，《中华人民共和国节约能源法》鼓励大力发展薪炭林等能源林；2002 年出台的《车用乙醇汽油使用试点方案》以及 2004 年出台的《车用乙醇汽油扩大试点方案》规范了我国生物燃料乙醇的生产；2005 年出台的《中华人民共和国可再生能源法》和 2006 年出台的《关于发展生物质能源和生物化工财政扶持政策的实施意见》将生物质能源的开发列为重要内容；在 2006 年，我国颁布并实施《可再生能源法》，发展林木生物质能源被列入“十一五”林业发展规划中；2007 年国家出台的《全国能源林建设规划》，在现有资源的基础上启动了能源林基地建设工程，由国家林业局联合中石油在陕西、湖南、河北、安徽、内蒙古、云南、四川 7 个资源优势省（自治区）已启动了第一批 6.8 万公顷的生物柴油原料林示范基地建设项目；2009 年国务院办公厅印发了《关于促进生物产业加快发展若干政策的通知》、2011 年推出的限煤令、2012 年出台的《可再生能源产业发展指导目录》，以及 2013 年出台的《全国林业生物质能发展规划（2010—2020）》等政策措施，不仅促进了我国林木生物质能源的快速、健康、平稳发展，更为实现国家能源安全、实现节能减排、改善生态环境、促进可持续发展提供了有力保障。

综合来看，大力发展林木生物质能源是整治空气污染和推进节能减排所需，是发展社会主义新农村建设所需，是转变经济增长方式所需，更是我国长期能源战略所需。

1.2 研究意义和研究目标

1.2.1 研究意义

基于此背景，研究林木生物质能源产业链具有重要意义。林木生物质能源的产业化发展具有优化我国能源消费结构的功能，既能够满足社会经济发展的能源需求，同时也有助于减少环境污染以及温室气体的排放。当前，发展林业生物质能源是我国治理环境污染、保护生态环境和实现环境友好型社会发展的迫切需要。化石燃料的主要成分是煤和石油，在燃烧利用过程中排放出的大量有害气体和二氧化碳，对生态环境造成了重大危害，其产生的环境问题也已经开始引起世界各国的广泛关注。但是，由于生物质能源的含硫量和含氮量较低并且灰分少，所以其燃烧后产生的含硫、氮等有害废弃物排放量比化石燃料要低得多，是可再生能源中的理想型清洁低碳燃料。现阶段，大规模种植能源林、大力发展利用林业生物质能源具有重要的作用。第一，能够显著增加森林资源总量、有效治理荒山荒地闲置，防止水土流失；第二，能够直接丰富清洁能源供给，减少生态环境污染，明显改善大气环境，使二氧化碳的排放与吸收形成一个良性循环，大大缓解二氧化碳排放的压力（王连茂，2009）；第三，能够构建多功能生态系统，大力恢复生态功能，有助于改善生态环境，实现环境友好的目标；第四，能够充分利用农村土地，优化农村产业结构，大幅增加农民收入，解决"三农"问题的现实需要。

研究林木生物质能源产业化发展问题同时具有重要的现实意义，开创了人类走向以生物能源开发和利用为标志的可再生能源时代。现阶段，有关林木质能源的研究大多是从该产业发展的背景来论述开展其研究的现实意义、可行性、影响因素和存在的问题等（吕文等，2005；邢熙等，2009；高柱等，2011；王秀峰等，2012），且多为产业层面的理论探讨。而产业链作为产业的载体，其运行好坏直接决定着产业发展的好坏，因此本书以林木生物质能源的产业链研究为出发点具有一定的理论研究意义。所谓不谋全局者不足谋一域，本书以林木生物质能源的产业链研究为出发点，在明确产业链特性和各环节在产业链中所处地位的基础上，确定产业链上的战略性环节，以此实现该产业链上各环节的最优化。一方面，有利于国家从宏观层面进行有针对性的政策支持和调控，引导企业有序进入林木生物能源产业，从而能够有效加快企业的衍生过程。另一方面，开展林木生物质能源产业链的优化路径研究对企业调整生产经营行为，提高生产效率，降低投资风险具有重大的实践指导意义。

1.2.2 研究目标

本书的总体研究目标是在对林木生物质能源产业链进行系统研究的基础上，找出该产业发展中存在的问题，探究当前影响林木生物质能源产业链的具体因素及这些关键因素是如何促进或者阻碍产业链的延伸和拓展，以及探寻产业链的关键发展路径和战略发展环节，以期为国家主管部门制定相关产业政策促进林木生物质能源产业发展提供参考。

具体而言，本书主要致力于回答以下七个问题：

（1）该如何界定林木生物质能源产业链的概念？

（2）如何解释和描述该产业链形成的动态过程？

（3）现阶段的产业链发展模式是什么样的？

（4）哪些因素影响以及如何影响了该产业链的延伸与拓展？

（5）林木生物质能源产业链发展的关键路径有哪些？

（6）林木生物质能源产业链发展的战略环节有哪些？

（7）如何针对影响产业链延伸与拓展的关键因素制定相应政策，以实现产业链优化？

1.3 研究内容和方法

1.3.1 研究内容

本书聚焦于林木生物质能源产业链形成与发展过程中的重要问题，在界定林木生物质能源产业链核心概念的基础上，通过蛛网模型描述该产业链形成的动态过程；运用 LBCT 模型构建该产业链的影响因素指标体系，借助结构方程模型对各因素的影响程度进行量化测度；通过网络图和 CPM 法进行产业链系统网络中关键路线的选择；通过价值链管理理论和灰色关联度分析确定该产业链各环节中能够创造高价值的战略性环节；从长度延伸、宽度拓展、关联度加强、厚度提升四个维度提出该产业链的优化对策。具体研究内容结构如下：

第1章：绪论。对本书内容统筹安排，包括研究背景、研究目的与研究意义、研究内容和研究方法、研究思路和技术路线。

第2章：理论基础和研究现状。本章是正式开展研究前的准备，从多个层面对国内外林木生物质能源产业发展的相关研究进行归纳总结。

第3章：林木生物质能源产业链概念界定及形成机制研究。本章在借鉴以往学者有关产业链内涵研究成果的基础上，结合林木生物质能源的特点，界定林木生物质能源产业链的概念，分析其形成动因。借助蛛网模型，从林木生物质能源产业链的空间维、价值维、供需维的形成变化及相互作用机制来探究该产业链的形成过程。

第4章：林木生物质能源产业链模式分析。本章在文献分析的基础上结合实地调查情况，从成型燃料、林木质发电、生物柴油、燃料乙醇四种不同产品类型角度出发，以各能源树种和林木废弃物为起点构建产业链网，基于典型案例分析四大类型林木生物质能源产业链的现有发展模式。

第5章：林木生物质能源产业链影响因素测度研究。本章借助LBCT模型构建影响因素指标体系，以长度、宽度和关联度等演化程度为因变量，影响因素为自变量，借助结构方程模型，利用调研数据做实证分析，测度各因素对我国林木生物质能源产业链发展的影响程度。

第6章：林木生物质能源产业链关键路径选择。本章基于复杂网络法和关键路径法的思想，借助投入产出效率分析作为网络图中的边权，在产业链网络平面拓扑结构中搜寻产业效率最高的林木生物质能源产业发展路径，即我国林木生物质能源产业链关键路径。

第7章：林木生物质能源产业链战略环节选择。本章基于价值链管理理论和灰色关联理论，利用2013~2014年的企业实地调研数据对原料供给、生产加工、产品销售三个主要环节与企业产值进行灰色关联度分析，确定我国现阶段林木生物质能源产业发展的战略环节，并通过典型案例分析进一步验证其结论。

第8章：林木生物质能源产业链优化对策与建议。在前文基础上，本章从市场、技术、政策实施等不同层面，从原料供给、生产、销售等不同环节，以及政府、企业、林农等不同的参与主体，多角度全方位地总结林木生物质能源产业链发展过程中面临的问题，并针对性地提出了该产业链的优化对策及建议。

1.3.2 研究方法

本书借助微观经济学、产业经济学、环境经济学等学科思想，结合理论与实证分析，开展林木生物质能源产业链的相关问题研究。采用的具体研究方法如下：

（1）系统分析法。林木生物质能源产业与社会、经济、政治、文化、生态环境等方面相关，同时又受到企业、农户、政府、科研单位等机构的影响。因此，本书基于多理论并从多角度分析产业的发展及其影响因素。

（2）文献研究法。通过大量阅读与林木生物质能源开发利用相关的文献，熟悉相关基本理论，并在此基础上，深入全国各典型地区对企业、农户和能源林基地进行调研，以构建现有产业链模式，并结合专家咨询意见构建本书模型体系。

（3）结构方程法。结构方程模型是一种常用的验证性统计建模技术，本书利用结构方程模型进行量化实证分析研究，探讨现阶段林木生物质能源产业链演化驱动力。

（4）复杂网络法。复杂网络法是研究复杂性问题的一种新型方法论，它强调系统的结构并从结构角度分析系统的功能，本书利用复杂网络分析思路来研究林木生物质能源产业的系统拓扑结构，并对其产业发展关键路径进行选择。

（5）灰色关联法。灰色关联理论是一种以灰色朦胧集为基础的理论体系，本书利用关联度来衡量产业链中各个环节对产业链价值贡献的大小，从而确定出林木生物质能源产业链中的战略环节。

1.4 研究思路和技术路线

1.4.1 研究思路

本书以“形成机制→因素测度→关键路线→战略环节→优化对策”为林木

生物质能源产业链优化路径的研究主线，按照“研究背景与意义分析→国内外研究现状评述→核心概念界定和内涵分析→理论分析模型构建→典型区域实证研究→实地调研与案例分析→理论总结与创新→结论分析与政策建议”的基本思路，从产业链的层面对林木生物质能源产业进行较为全面、系统的研究。

1.4.2 技术路线

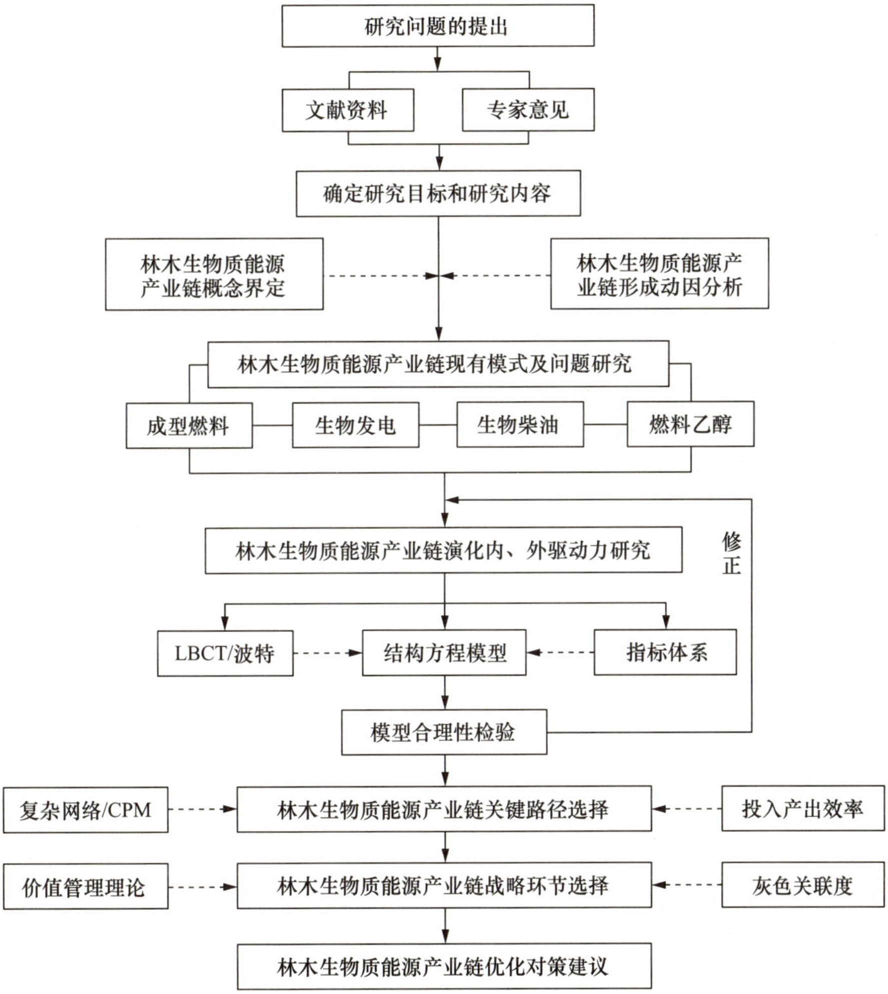

图1-2 技术路线

第2章 理论基础和研究现状

近年来，随着世界性能源问题的日益严峻，世界各国对各类新兴替代能源的关注越来越明显，生物质能源作为一种新兴的可再生清洁能源，其开发利用已经在世界范围内得到推广和实践（张兰和张彩虹，2012）。林木生物质能源作为生物质能源的重要组成部分（Davis and Owens，2003），其开发利用也已经受到政府和企业界的重视，并呈现出快速发展的态势（吴伟光和黄季焜，2010）。若要快速推动政府和企业对林木生物质能源的可持续开发利用，急需加强相关科学理论的指导。本章将对相关基本概念、理论基础及研究现状进行梳理分析，为后续研究提供了理论基础。

2.1 相关概念界定

2.1.1 生物质能源的概念

生物质是通过光合作用产生的各种有机体，包括所有的动物、植物、微生物，以及这些有生命的物质派生、排泄及代谢的相关物质。生物质能是在绿色植物光合作用的基础上，以生物质为载体，将太阳能转化为储存在生物质中的化学能。通过现代能源转化加工技术将这些具有能源价值的生物质能转化加工成在实际应用中能够能源化利用的能源即为生物质能源。目前，生物质能源主要来源于森林抚育剩余物、森林采伐剩余物、木材加工剩余物、农产品加工剩余物、畜禽养殖剩余物、农作物秸秆、城市生活固体废弃物、工业有机废弃物及直接利用的能源植物等生物质的转化利用（胡丽霞，2008；孙凤莲，2010；于丹，2016）。

2.1.2 林木生物质能源的概念

目前林木生物质能源还没有形成统一的概念，采用较多且较为公认的概念为：林木生物质能源是以林木生物质形态存在的能源，即储藏在林木生物质中的化学能量，可以通过直接燃烧或经过一定的技术转化为可以提供电能或热能的能源（张兰，2010）。

结合生物质能源的概念，林木生物质能源可定义为：通过现代能源转化加工技术将储存在林木生物质中的化学能转化成在实际应用中能够能源化利用的能源。其中，林木生物质是指地球上生长的各类木本植物利用光合作用转化而形成的有机物质，包括所有地上部分和地下部分，如树干、树皮、树枝、树叶、果实、果皮、果核等。目前，以林木生物质为原料生产的终端能源产品主要有油脂生物转化的生物柴油、木质纤维素转化的燃料乙醇、木质生物转化的气体燃料、直接加工的木质固体燃料以及利用木质燃料燃烧生产的电能（孙凤莲，2010）。

2.2 产业经济学理论

2.2.1 产业经济学概述

产业经济学开始作为一门独立的学科是在20世纪50年代，其形成源于日本产业政策的实践，是对日本产业政策的理论分析与实践总结（史忠良，2005）。我国产业经济学起步于20世纪80年代，在90年代开始逐步发展成熟，并得到了企业的认可和政府的支持（姜书，2007）。

产业经济学主要探讨的是产业内的企业组织结构及其变化规律和产业间的关系结构及其变化规律。学术界对产业的定义具有不同的认知，一种观点认为，产业是一个集合概念，既是具有同一属性的企业的集合，又是在一定标准划分下的国民经济的组成部分，该定义中的“集合”是居于微观经济的细胞和宏观经济的单位之间的一种概念（韩凤元，2008），但是这里并未说明以何种标准来划分不同企业的产业归属。另一种观点认为，产业是一个产品集或技术集，其中的产品生产需要同类或相似的生产技术和要素投入，且产品之间具有密切的替代性或相关性（王天营，2007）。该定义从需求和供给两个方面均提出了要求，即产品上满足相同或近似需求，生产上采用同样或类似技术的企业的集合才是一个产业。产业的产生、形成、活动、演化是一种历史真实，有着清晰的历史发展脉络，产业经济学理论也随之在历史与实践发展中不断改进。

2.2.2 产业经济学理论的主要内容

产业经济学理论既是产业研究和科学实践的理论基础，也是对产业内外部关系及其运行规律的总结，随着现代产业经济的发展，其相关内容也在不断完善和补充，从初步形成时的产业组织理论，逐渐发展形成包括产业组织、产业结构、产业布局、产业集群、产业政策、产业安全等在内的理论体系（李孟刚和蒋志敏，2009）。本节主要分析了产业组织理论、产业集群理论、产业结构理论和产业政策理论的发展历程和相关内容。

2.2.2.1 产业组织理论

产业组织问题是早期西方产业经济理论研究的基本问题。现代产业组织理论是在解决“马歇尔冲突”的基础上发展起来的，“马歇尔冲突”即为1890年英国经济学家马歇尔在《经济学原理》一书中所揭示的规模经济和竞争活力之间的内在矛盾。20世纪30年代以后，西方经济学家对“马歇尔冲突”的理论探究逐步贴近实际。1959年，贝恩在《产业组织》中明确了产业组织的含义，并将产业组织定义为产业内不同企业之间各种类型的市场关系，包括交易、利益、行为、资源占有等关系。20世纪70年代以来形成的新产业组织理论加强了相关学科的理论研究，引进了大量的企业理论、交易费用理论等相关理论，使产业组织理论得到了逐步的完善（李孟刚和蒋志敏，2009）。

2.2.2.2 产业集群理论

产业集群这一概念最早是迈克尔·波特于1990年在《国家竞争优势》中提出的，即为在产业分工的基础上产生的特定产业领域内的相互关联企业的联合现象。1998年，迈克尔·波特对产业集群的概念进一步解释为：产业集群（Industrial Cluster）是指在特定产业中互有联系的公司或机构聚集在特定地理位置的现象。产业集群的形成必须具备的基本条件包括：第一，一定区域内的企业生产的产品具有一定的相关性；第二，企业之间具有一定的供需关系；第三，集群中的企业在整个产业链中具有专业的分工；第四，企业集群形成的产业群体具有一定的规模。产业集群融合了政府、企业、消费者，形成了一定区域内多产业的共生发展，对区域经济的发展有着非常重要的意义（贾文艺和唐德善，2009）。

2.2.2.3 产业结构理论

产业结构理论源于 17 世纪古典经济学家威廉·配第对产业结构与国民经济关系的重大发现，即产业结构的不同是世界上不同国家经济发展处于不同阶段，以及收入水平存在差异的关键原因。现代产业结构理论形成于 20 世纪三四十年代，一系列具有影响力的著作和理论也主要产生于这一时期。1936 年，投入产出理论的正式诞生以里昂惕夫《美国经济制度中的投入产出数量关系》的发表为标志。1940 年克拉克通过整理和比较 40 多个国家和地区不同时期三次产业劳动投入和产出资料，在《经济进步的条件》一书中揭示了人均国民收入水平和产业结构变动的内在联系。20 世纪五六十年代产业结构理论得到了快速发展，库兹涅茨通过对各国国民收入和劳动力在产业间分布结构的变化研究分析，得出了产业结构演变规律，即著名的库兹涅茨法则，库兹涅茨法则主要阐述了各产业的经济收入和劳动力投入比重随着社会经济发展的变化规律（杨晗和邱晖，2012）。

产业结构理论主要研究产业间的相互关系及其演化的规律性，广义的产业关系即为三大产业间的关系，狭义的产业关系即为工业内部的产业关系（李孟刚和蒋志敏，2009），无论是广义的产业关系还是狭义的产业关系都将对产业及整个社会经济的可持续发展产生重要影响。

2.2.2.4 产业政策理论

产业政策理论是研究促使产业结构合理化、产业资源优化配置、产业技术进步、产业区域分布均衡化的政府行为的产业经济学理论，主要包括产业结构政策、产业技术政策、产业组织政策和产业布局政策等内容（姜书，2007）。

政策对经济的干预经历了早期资本主义提倡自由放任市场经济时期的“零干预”，以及 19 世纪后半期的经济危机频繁发生时的“高度集中干预”，到 20 世纪

70年代各国政府对经济发展的“适度干预”。政府及其政策是否应该干预经济活动，如何干预经济活动，干预哪些经济活动等一系列的政策学科所研究的问题，对协调政府在市场经济中的角色，更好地发挥政府在经济活动中的作用有着重要意义。产业政策理论为产业政策的制定和完善提供了理论基础，是政府行为科学化的依据，对推动产业的稳步增长和可持续发展具有重要意义。

2.3 循环经济学理论

2.3.1 循环经济学概述

美国经济学家鲍尔丁提出的“宇宙飞船理论”是循环经济思想的起源理论，该理论是以传统工业经济“资源—产品—污染（废物）排放”的“开环”模式为范式提出的，并倡导把经济活动组织成一个“资源—产品—再生资源”的反馈式流程，在这种反馈式流程中的所有物质和能源在不断进行的经济循环中都能得到合理和持久的利用，实现经济活动的低开采、高利用、低排放，从而使经济活动对自然环境的影响降低到尽可能低的程度。英国环境经济学家大卫·皮尔斯和图奈是最早将循环经济作为专业术语使用的，并且大卫·皮尔斯在其《自然资源和环境经济学》第二章从资源管理的角度讨论了物质循环经济。而最早将循环经济作为实践性概念的是20世纪90年代的德国，我国最早开始使用循环经济理论与概念是在20世纪90年代末（孙凤莲，2010）。

2.3.2 循环经济学理论的内容

循环经济理念自提出以来，对于其基本含义的界定从资源利用、环境保护、人与自然和谐发展、经济增长方式、产业技术规范等多个角度进行了界定。冯良（2002）对循环经济的基本定义是指将废弃物在生产和消费中进行再利用，使生产和消费对自然资源的投入和对废弃物的排放达到最小，从而实现低投入、低排放、高效率的经济发展，其核心理念是对废旧物资的有效利用，以实现资源的高效利用，降低企业生产成本，提高产品竞争力（周宏春和刘燕华，2008）。朱玉林和陈洪（2007）从经济增长方式角度指出循环经济是指在人、自然与技术的大系统内，在整个经济循环过程中把传统的依赖资源消耗的线性增长经济转变为利用资源循环的生态型经济，整个过程涉及资源投入、企业生产、产品消费及其废弃处理的多个环节。

循环经济理论从本质上强调的是经济与资源双系统的协调发展，要求经济活动对资源的节约使用和循环利用，实现生产和消费的减量化、再利用和再循环。减量化是指物质和资源的节流化利用，既包括对资源利用效率的提高，也包括对污染（废物）排放的控制；再利用是指产品能够在最初始形态下被多次和反复使用，而非一次性消费后变为垃圾；再循环则是指产品能够被多次引入“生成—消费—生成”的循环系统，即产品在完成某一项使命后，能够转变成可重新生成产品的资源，不断重复再生产，直到最后产生的废弃物达到最少。

循环经济的发展不仅要实现“减排节能”的发展模式，更重要的是形成循环经济发展的价值观，要认识到资源的再利用不单纯是一种节约理念，而是一种科学的生产方式。所谓“循环”不仅是人类社会系统内部的流动，而是要实现经济发展与自然资源的协调发展，人类社会活动必然要在自然系统的可容纳范围内展开，并要结合自然环境的发展规律。人类所创造的所有财富都来源于自然资源，而自然资源并不是无休止的再生产，循环经济所提倡的观念就是要充分考虑自然生态系统的承载能力，在创造社会财富的同时保障自然生态系统“财富”的可持续“增值”。

2.4 其他理论基础

2.4.1 能源经济学理论

能源问题是世界性、战略性的问题，人类社会的几次重大变革性的发展都源于能源的改进和更替。能源问题的复杂性决定了解决能源问题不仅需要技术的变革，还需要经济理论、思想的指导。能源经济学是在经济学原理、统计学原理等基础学科理论的支持下，研究能源经济系统运行规律的应用学科，其研究对象主要包括：能源供给与需求、能源效率与节能、能源市场与碳市场、气候变化与环境变化、能源安全与预警、能源建模与系统开发、能源公平与能源贫穷等（魏一鸣等，2011）。

能源消费是一种间接消费，是人们在社会产品和服务需求中产生的派生需求，所以能源的需求与消费在很大程度上取决于整个社会经济的发展水平，同时，能源的生产与供给对社会经济的发展又具有重要意义。由于化石能源利用的不可再生性及其开发利用过程中的环境污染、生态破坏等问题，当前世界性的能源供需矛盾日益严峻。能源经济学通过对能源供需、能源市场、能源价格、能源效率、替代能源等相关能源经济活动的研究，在缓解化石能源供需矛盾、完善传统能源产业体系的同时，促进新兴能源产业的发展，进而推动能源生产与整个国民经济系统的协调发展。

2.4.2 环境经济学理论

人类对于环境问题的关注范围和程度随着经济社会的发展和环境问题的日益突出逐渐扩大和深化。20 世纪 50 年代环境问题开始作为一门学科来研究，美国著名经济学家洗礼·列昂节夫是世界上最早定量分析环境保护与经济发展关系的经济学家，他将清除污染的工业单独列为一个物质生产部门，并将清除污染的费用列入产品成本中。20 世纪 70 年代以来，越来越多的经济学家对环境问题进行量化研究，环境经济学逐步发展起来，并在引入我国后得到迅速传播和广泛应用（高岚等，2007）。

环境经济学是运用经济学和环境学的原理和方法，分析和研究经济发展与环境保护关系的新兴学科。其研究对象是环境经济系统，主要研究如何在合理、高效、经济的物质转换方式下实现人口、经济与自然的再生产。其内容主要包括：环境问题和经济制度的关系、经济发展和环境保护的关系、外部性理论、公共物品理论、环境资源价值理论、环境政策的公平与效率问题等。环境经济学将环境科学与经济科学相结合，使人们从经济学角度对环境问题有了新的认识，也使经济科学在实际应用中得到了发展，是连通经济发展和环境保护的桥梁（高岚等，2007）。

2.5 国内外研究现状

随着能源开发利用技术的发展以及人们低碳、环保意识的不断提高，可再生清洁型的生物质能源将迎来重大的发展机遇，作为生物质能源产业化的主体之一，林木生物质能源实现如传统能源一样的市场化交易在将来可能会发展成为一种常态。因此，越来越多的国家政府、学者和企业正在逐步加强对林木生物质能源的研究与开发。目前，相关研究主要围绕以下几个方面展开：

2.5.1 林木生物质能源树种选育研究

从国内外公开的文献资料来看，在林木生物质能源树种选育方面的研究已经取得了十分丰富的研究成果。

在美国，科学家们已经于20世纪50年代左右开始对桑竹、大戟科、豆科等多种野生油脂植物进行开发利用研究，而且美国联邦政府还成立了国家能源部，联合各大科研院校开展杨树杂交和柳树无性系等相关研究。截至目前，世界各国对林木生物质能源树种选育的研究越来越普遍，瑞典、巴西等国家也已经开始采用本国大面积的速生丰产林作为木质能源林，并进行林木生物质能源的大规模生产。一些国家已经根据本国的自然地理环境和国内实际情况，选取适合的林木生物质能源树种。其中，德国选取白杨和柳树等速生林作为该国的能源树种；瑞典国家能源委员会发起了国家能源林计划（NAEFP），选取柳树作为该国的主要能源树种；法国制定了发展能源林的相关政策，选择栽培如桉树等品种较好的树种以形成能源林，来推动能源林产业的发展；马来西亚则主推以棕榈油为生产原料的生物柴油产业等（万泉，2005；万劲和方升佐，2006）。

目前，国内在林木生物质能源树种选育方面也已取得较为完善的研究成果。万劲和方升佐（2006）认为，我国国土面积辽阔，地理环境复杂多变，经济发展水平也是参差不齐，所以，能源树种的选取应该结合各地区的自然地理环境和社会经济发展水平。综合比较，各地区能源树种的选取主要有：东北内蒙古林区、华北及中原地区的紫穗槐、相思树、桤木、铁刀木、大叶栋、枫香、柳树、杨树、胡枝子等高产高效的乔灌混交木质能源林；西北地区的沙棘、沙柳、柽柳、柠条等抗旱性较强的灌木树种；南方林区和华南热带地区的造油桐、小桐子、乌桕、油翅果、文冠果、黄连木、棕榈等油料树种。此外，我国在能源树种的培育方面，要加强单位面积产量和经济效率的提高，由此大力发展短轮伐期能源林、乔灌混交能源林等。

经过多年的研究表明，适合发展林木生物质资源的树种除常见的速生性杨柳外，还有文冠果、黄连木、光皮树、小桐子、绿玉树、乌桕、按树、沙棘、柳枝稷及芒属植物等，这些树种都具有较高的能源工业开发价值（胡建忠等，2005；徐剑琦等，2006；邢熙等，2009；王连茂，2009）。其中，芒属植物生长迅速，具有较大的生物量积累，每公顷产量可达30~40吨，相当于36桶石油（徐颖和刘鸿雁，2009）；柳枝稷也是一种高产能源植物，原产于美洲，每公顷柳枝稷可产1630~2810升的乙醇（Fike et al.，2006）。

2.5.2 林木生物质能源开发利用技术研究

现阶段，林木生物质能源开发利用技术历经多年探索，实现了包括能源林培育的速生丰产技术、次小薪柴等林木废弃物的采集技术和加工技术、颗粒燃料工厂化生产技术及其他能源利用技术都取得了丰富的研究成果。

在林木生物质能源开发利用技术的实际运用方面，欧洲的林木生物质热电联产、林煤混烧等技术得到了广泛运用。在欧洲，林木生物质能源发电多采用热电联产模式，以林木质能源转换电能的同时，也为电厂附近居民提供热水、供暖等热力服务。可以说，在装备制造体系方面，欧洲各国整体上趋于完备，有较为完善的系统化体系，并且进入了初步商业化发展阶段（生物质能源考察组，2006）。截至目前，在技术实际应用方面，瑞典的颗粒成型燃料生产和直燃发电的相关技术都有实际性的应用；丹麦的秸秆直燃发电技术及德国的生物质综合转化技术、液态燃料转化技术的应用都比较成熟；美国、东南亚等国家在生物质能源的研究和技术应用领域的经验较为丰富（王杨，2015）。

目前，我国林木生物质能源转化加工技术的研发也取得了一定的成果，但在实际应用方面，其产业化生产程度不高，还未达到有效的工业化、规模化生产应用。生物柴油转化技术的超临界法因其对设备的高要求，使规模化转化生产难以实现，生物酶转化法的转化率较低，经济性不高，也不能实现工业化生产；生物质直接燃烧发电技术存在原料供给不稳定、发电成本高、生产效率低等问题（吴创之等，2007）；成型燃料加工技术方面的相关研究还需进一步完善，相关理论基础研究较少，设备研制和使用还处于探索阶段（章芸等，2007），在实用性、系列化、规模化上还存在较大差距，要加强设备对原料的适应性和设备先进性、经济性的提高（肖宏儒等，2009）；燃料乙醇转化利用技术也由于经济性较低，未实现商业化生产（吴创之等，2007）。

2.5.3 林木生物质能源环境影响评价研究

随着能源危机、环境污染等问题的日益严峻，世界各国已将开发利用包含林木生物质能源在内的现代生物质能源作为能源发展战略和目标规划的重要组成部分（张兰和张彩虹，2012）。同时，国内外学者对林木生物质能源所能带来的环境影响的研究也在不断发展。

近年来，国内外学者开始使用生命周期评价法（Life Cycle Assessment，LCA）对林木生物质能源进行环境影响评价，并取得了一定的研究成果。Cherubini 和 Jungmeier（2010）使用了 LCA 方法对以柳枝稷（木质纤维素作物）为原料生产生物乙醇的炼制系统进行研究，并对该炼制系统从原料种植、采摘、加工、传输、转换到最终产品的使用等整个过程进行了评估，认为由该系统炼制的生物乙醇作为燃料排放温室气体的量比传统的化石燃料减少了79%～80%。国内学者杨江（2012）结合生命周期评价法计算麻疯树果和微藻的环境性能指数、可持续性能指数，通过相关结果的比较，得出我国现阶段生产生物柴油最适合的原料为小桐子果实。其他学者对林木生物质能源的节能减排评价研究也取得了一定的成果，通过对生物质固体成型燃料、生物质发电和生物质燃料乙醇的生产过程进行全生命周期评价，认为生物质燃料具有较大的节能减排效益（赵红颖，2010；霍丽丽等，2011；杨海龙等，2013）。

2.5.4 林木生物质能源产业化发展现状研究

目前，林木生物质能源在美国、欧盟等一些发达地区已较为成熟，尤其在燃料乙醇、生物柴油方面多实现了产业化，与之相比，我国林木生物质能源产业化开发利用仍然处于起步阶段（孙凤莲，2010）。

近年来，国外学者对于林木生物质能源产业化的研究更侧重于定量研究。Berndes 和 Hoogwijk（2003）在对影响未来全球生物质能源潜力和生物质能源可利用性的相关因素进行分析的基础上，预测出林木生物质能源在全部生物质能源中所占份额。结果显示，全球林木生物质能源为 0 ~ 358EJ/年，生物质能源总量为33 ~ 1135EJ/年。Ronald 等（2010）利用林木部门空间动态经济模型 GFPM 预测了全球林木生物质能源的价格、产量以及贸易情况。Schmidt 等（2010）利用混合整数规划模型分析了奥地利林木生物质能源生产的资源供给状况。Halder 等（2014）对孟加拉国生物质能源可利用状况进行了分析，估计出孟加拉国 2012 ~ 2013 年生物质资源能够作为能源的利用量为 90.21 亿吨。

目前，国内关于林木生物质能源产业发展的研究大多集中在产业发展意义、影响因素、发展潜力、产业政策等方面，且其研究方法以定性研究为主。许多学者通过研究该产业的社会需求、原料基础和技术条件等要素，认为我国在现阶段已具备林木生物质能源产业化发展的可行性条件（中国林木生物质能源发展潜力研究课题组，2006），但是仍存在资源分散、技术局限、政策滞后、市场不成熟等不利因素（高柱等，2011）。潘小苏（2014）建立了林木生物质能源资源量估算模型，对我国现有林木生物质能源资源量进行初步估计，并从林业可持续生产经营的角度分析了我国林木生物质能源的资源基础。于丹等（2016）利用压力—状态—响应（Pressure - State - Response）模型，以林木生物质能源发展潜力为模型中可持续发展的对象，遵循科学性、系统性、层次性的指标设计原则，将林木生物质能源发展潜力评价指标体系分为压力指标、状态指标和响应指标三个准则层，基于熵权 TOPSIS 法对全国 31 个省（自治区、直辖市）的林木生物质能源产业化发展的潜力进行了等级评估，其中发展潜力等级位于前三的分别是湖南、广东和江苏。

总体而言，世界各国的林木生物质能源产业化发展水平参差不齐。欧洲较之其他国家，已经拥有能够实现年产百万吨木质燃料的生产能力，这是其他国家还达不到的标准，其中奥地利在全欧洲范围的占比为13%（Hill and Hadley，1995），丹麦等国的林木生物质发电已盈利运行（吕文等，2006），德国、瑞典的颗粒成型和热电联产已较成熟并实现了产业化（生物质能源考察组，2006），欧盟2004年生物柴油产量达到224万吨，2010年在运输燃油中添加了5.75%的生物燃料，计划到2020年将这一比例提高到20%。相比而言，我国有关部门和机构虽然已出台一系列政策扶持林木生物质能源产业，但大量的能源基地和企业示范项目阶段结果表明，该产业仍然比较初级，其发展空间还很大（黄雷，2008）。但众多学者对我国发展林木生物质能源产业的可行性和发展潜力还是持较乐观态度，认为我国发展林木生物质能源产业的技术可行性、生产经济性和市场可行性都已具备，发展潜力较大（吕文等，2005；张彩虹等，2006；高岚和李伟，2006；李云，2008）。黄雷等（2009）在林木生物质能源产业价值链分析的基础上，对我国林木生物质能源产业现状及其未来的发展趋势做了系统性研究，认为未来能源应该多元化发展，化石能源或将被新兴可再生能源所替代，生物质能源将是解决未来我国乃至世界能源问题的重要手段之一。

2.5.5 林木生物质能源产业政策研究

林木生物质能源产业作为一种新兴产业，其发展并不成熟，没有完善的市场体系和投资环境，企业自主发展的阻力较大，能源开发从原料获取到终端消费的各个环节均会受到资源、环境、土地、经济、国际条约等多种政策的影响（Roos，2002）。所以，要实现林木生物质能源产业的可持续发展，政府政策的规范、引导和支持尤为重要。

近年来，国际能源署（IEA）、欧盟委员会（EC）、联合国粮食及农业组织（FAO）等国际组织及一些发达国家均对林木生物质能源产业政策问题进行了研究（张兰和张彩虹，2012）。国外学术界普遍认为，应放宽管制政策、增加优惠税收政策和补贴政策来推动生物质能源产业化的发展，同时要制定相配合的能源环境政策、土地政策、国际条约等（小宫山宏等，2005；张琪等，2011）。阮永华（2005）等利用决策模型对生物质能源产业进行分析，发现只有在税收保护和政府大量财政补贴的基础上该产业才会有发展的可能性。Elobeid 和 Tokgoz

（2008）通过建立多元化的国际乙醇模型，对贸易自由化和取消联盟税收抵免下的美国燃料乙醇市场进行了分析，并探究了其相关的影响因素，认为美国的贸易壁垒对本国的燃料乙醇行业具有一定的保护作用。

目前，世界各国为促进林木生物质能源产业的发展，不仅制定了阶段性的具体发展目标，许多国家也采取了强制性与激励性相结合的政策手段（傅津，2006）。生物质能源的开发利用具有较强的外部性，其开发成本较高，前期基础建设阶段需要政府的政策保障和经济补贴来增强市场竞争力（梁靓，2008）。

我国林木生物质能源产业尚处于发展的初期阶段，政策因素对其影响位于各影响要素之首，这从某种程度上来说，国家政策指导甚至确定了其他可能的影响因素对林木生物质能源产业发展路径的影响（黄雷，2008）。目前，我国学术界中专门针对林木生物质能源政策研究的主要有：吴创之和马隆龙（2003）在其著作当中设计了包括选择优良种质材料、建立林木质油料林等关于能源植物和能源技术方面的政策；2005 年由国家林业局、北京林业大学等科研机构的专家组成的课题组对中国森林能源与清洁发展机制（CDM）相结合的途径和政策机制做了专题讨论，并且提出了关于促进我国林木质能源开发利用的激励政策；刘胜刚（2006）探讨了国家管理运行机制对林木生物质能源开发的促进作用。综合这些关于产业政策的研究，可以发现国内对于林木生物质能源政策的研究大多是散乱、零碎的，系统性的研究相对较少（姜书，2007；谭艳，2009）。

2.5.6 林木生物质能源产业链研究

目前，产业链的应用正在逐步扩展到能源产业、文化产业、高新技术产业等各类产业（魏然，2010），国内关于产业链的研究与应用也在逐步发展，可以从产业链基础理论和实际应用两个方面来说明。基础理论研究主要集中在以下几个方面：

一是产业链的含义，国内学者从供应链（吴金明和邵昶，2006）、价值链（芮明杰和刘明宇，2006）、战略联盟（李心芹等，2004）、产业关联（杨公朴，2003）、核心竞争力（卜庆军等，2006）等不同的研究视角出发对其进行了定义。

二是产业链的运行机制，有学者从四维对接、四维调控、四种模式说明产业链形成机制的“4+4+4”模型（吴金明和邵昶，2006），也有学者明确提出产业链运行机制主要有利益分配机制、风险共担机制、竞争谈判机制、信任契约机制、沟通协调机制、监督激励机制六种机制（刘贵富，2007）。

三是产业链的整合，研究普遍认为产业链的整合分为纵向一体化、横向一体化和产业链融合三方面（郑大庆等，2011）。芮明杰（2011）还提出知识整合、价值模块和产品整合的三维度模型。

产业链实际应用始于农业，目前对农业产业链的研究应用已深入农业细分行业和农产品加工业中（喻林和张明林，2006），主要关注农业产业链的管理、组织形式和构建等方面（桂寿平和张霞，2006；孟枫平，2004；王凯和颜加勇，2004）。林木生物质能源产业链实际应用方面的研究表明，我国林木质能源产业链主要以资源培育和生产加工利用为主体，相关产业链雏形已逐步形成，但仍处于产业初级阶段，其发展较为缓慢（杨加猛，2009；蓝瞻瞻，2012）。姜书等（2007）主要从林木质能源产业发展的有利和不利两方面，详细深入地分析了影响该产业在中国发展的具体因素，如资源限制、政府激励和扶持等，并对未来林木生物质能源产业价值链即由原材料的收集到最终其产品走向能源消费市场的价值增值过程进行了简单描述，重点分析了在产业链角度下林木生物质能源产业发展的四类主要影响因素。冯献和詹玲（2009）对广西木薯生物质燃料产业链效益进行了分析，结果表明“公司+基地+农户”的产业发展模式，以及公司与农户的利益联结机制稳定了农户的收益，提高了整体经济效益。王连茂（2009）在探讨江西省林木生物质能源产业化策略时，另辟蹊径，第一次以林木质能源产业链为研究视角，从多个角度出发，分析了能源林基地建设与生产林木生物质能源产品两者之间的关联，给出并且设计了科学合理的产品以及能源林基地布局规则。不过，笔者也指出在生产布局方面应该提出更为具体的布局方案，加强对产业结构的分析以及木质能源产品市场结构的分析。

2.5.7 文献研究评述

国内外有关林木生物质能源产业化的理论研究呈现出由意义与前景研究到揭示内在机制的发展态势，研究逐步趋向系统化和规范化。但是，前期国内学者对林木生物质能源产业的研究仍多集中于定性分析上，如该产业的发展现状、存在问题及对策建议等方面，其相关经济理论、计量模型构建等分析方法的运用较少，关于林木生物质能源产业链的研究更是甚少。而国外研究对林木生物质能源产业经济性的定量分析较多，但关于将生物质能源具体产业化、商业化的研究较少。随着化石能源的日益枯竭、各国对林木生物质能源开发利用的重视，该产业必将迎来新一轮的发展契机，相关的经济学分析方法必将会不断地作为定量模型研究工具引入林木生物质能源产业发展研究体系中，针对林木生物质能源产业链的形成机制、影响因素等问题也有待于探索和挖掘。

目前，国内外对于林木生物质产业化的研究领域、研究方法、研究内容与成果都存在较大差异，国内相关研究存在一定的不足之处：重复较多，富有创新性、建设性的研究较少；有针对性的林业生物质能源产业化的相关研究不足；研究方法单一，标准性的定量研究缺乏；研究的系统性、完整性、实践性较低。为此，本书在国内外理论研究的基础上，立足我国基本国情和生态文明建设规划，以微观经济学、计量经济学等相关模型为切入点，研究林木生物质能源产业链的发展模式和影响因素，具有一定的学术价值、应用价值和创新性，可以为林木生物质能源产业的可持续发展提供理论借鉴和实践指导。

第3章　林木生物质能源产业链概念界定及形成机制研究

林业本身具有生态、经济和社会等多重功能，其作为经济社会中重要的公益事业和基础产业，其产业链系统结构的形成机理比较复杂，那么林木生物质能源产业链作为林业产业链中的重要部分，其从无到有也必然会遵循一定的机制。研究这一形成机制，有助于深刻认识林木生物质能源产业链的来龙去脉，为“有形的手”施加积极干预，从而为优化该产业链提供理论指导。本章从“三链”（价值链、供应链和产业链）的概念辨析出发，在明确林木生物质能源产业链概念界定的基础上，从政治（Politics）、经济（Economic）、社会（Society）和技术（Technology）四个角度（PEST 理论）来分析林木生物质能源产业链的形成动因，最后利用蛛网动态模型来阐述林木生物质能源产业链在三个维度上的演化过程。

3.1　林木生物质能源产业链的界定

3.1.1　产业链的概念界定

1980 年以来，关于“三链”（供应链、价值链和产业链）之间的关联和区别已逐渐成为学术工作者和管理工作者研究的主要问题。随着经济全球化以及区域经济的日益发展，价值链、供应链和产业链的概念会更加丰富已有的管理理念和发展模式，这将对区域、产业和企业的发展具有推动作用。然而，随着“三链”

的研究逐步加深，“三链”之间的关系和作用往往难以甄别，使用者很难灵活运用其方法和理论去解决生产销售过程中的问题。因此，在界定产业链的概念之前，结合前人的研究成果，分别介绍“三链”的概念，剖析“三链”异同点，进一步明晰产业链。

“价值链”在1985年由迈克尔·波特提出，他认为企业获得竞争优势的来源是“将企业所需的原材料通过其计划、生产、销售、运输以及服务等一系列环节转化为社会所需要的商品，并通过这些环节实现价值增值。有效的价值链能为企业带来丰厚的利润回报，这些新增加的价值不仅满足相关利益者的价值需求，同时也是企业立足的根本”。可以说，企业所追求的成本和利润只是价值的表现形式，从根本上来讲，企业就是一个价值综合体，在一系列生产活动中将原料不断转化从而获得价值，而企业本身在资源转化过程中不断地扮演着承载价值、追求价值和转化价值的角色。因此，企业活动的基础要素就是基石。国内外有许多文献从不同角度详细阐述了价值的含义：基于经济学的视角，企业本身就是价值承载体，人们在生产生活中所需要的资金和原材料等要素，以企业为活动的聚集地，通过各个环节创造实现自己的价值。基于竞争优势的角度，企业更是一个价值创造体，企业将各类要素和资源通过日常经营渠道或者业务活动转化为社会所需要的商品，并在这一过程中创造价值以此获得企业利润。具体来说，企业的原材料经过加工之后形成商品，随后是市场推广和营销，最后是服务消费者，再加上一系列活动（公司组织体系、人力资源管理、技术研发和原材料采购），企业通过这些互相连接的价值环节便完成了全部的价值增值活动，因此，这样能够产生价值的链条就称为“价值链”（朱凤涛等，2008）。

关于供应链，国内外学者做了大量的研究，第一次提出供应链管理是在1983年和1984年的《哈佛商业评论》的两篇论文中。供应链管理的定义，即是对整个系统中的供应链进行计划、控制、操作和优化的过程，其目标是要将产品按照顾客所需的数量和质量标准在高效的时间内送到正确的地点，并使总成本达到最小（胡亦盛等，2010）。相应地，“供应链”这一概念是指，从获取原材料开始，然后进入中间仓储和加工环节，再进入销售环节，最后送到消费者的手中，它是由一系列的环节构成的网络，最简单的形式就是单向供应链，最有效的供应链可以降低成本。关于“供应链”这一概念，国内外学者进行了大量的研究，主要涉及供应链过程管理、供应链网络环节、供应链关系管理等领域。具体来讲，供应链旨在通过原材料获取、原材料加工、商品销售等环节以达到控制和优化企业的物流、资金流和信息流的作用。供应链包括产品的定位与设计、原材料采购、加工制作、运输分销等环节，以把合适的产品送到最终消费者手中为目的，集功能链、知识链和增值链为一体的链条式结构（邹辉霞，2004）。目前，关于供应链的研究主要集中在集成式、敏捷式、虚拟式和柔性式等方面（董安邦和廖志英，2002）。

亚当·斯密提出的分工的理论以及马歇尔的企业间合作的观点中包含了产业链的概念（魏然，2010）。国外学者的研究对产业链的研究较少（蓝瞻瞻，2012），常仅仅涉及价值链、供应链等（Hofman et al.，2000；Gereffi and Korzeniewicz，1994；Gereffi et al.，2005）。“产业链”这一词是我国学者傅国华（1996）在理论与实践结合过程中基于供应链和价值链扩展深化研究而来的。在西方，虽然没有与“产业链”直接对应的概念，但一直是经济研究的热点。“产业链”一词最早来源于农业产业链，目前已经将其研究延伸到包括能源、技术、文化、旅游、物流等在内的广泛的产业领域。国内关于产业链的研究还有待日后继续加强。在我国，不同学者分别从技术、战略、竞争力、价值本身及价值相关理论、产业链基本原理、分工协作的角度、政府和企业角度给予了定义和论证。龚勤林（2004）基于技术经济关联的角度定义产业链：是现实经济活动中若干产业部门客观形成的环环相扣、首尾相连的链条式关联关系形态。蒋国俊和蒋明新（2004）基于战略联盟的角度定义产业链：具有较高竞争优势的企业为保存或者扩大企业竞争力与相关企业所形成的战略联盟链条式关系链。郑学益（2000）基于核心竞争力的角度认为，产业链是在单体优势企业转化为区域和产业核心竞争力优势企业的过程中，以产品技术和资本为纽带，将发展前景、科技创新性较好的企业和产品上下连接、前后形成的链条。杜义飞（2005）基于价值分配的角度定义产业链是集采购、加工和销售为一体的一系列经济活动的组合。任红波（2005）基于价值增值的角度认为产业链是厂商内部组织或各厂商的主体通过原材料采购至运输等环节并最终实现价值增值的一系列活动过程。杜公朴和夏大慰（1999）基于价值链角度认为产业链是价值链的构成，价值链对于产业链的形成至关重要。刘贵富（2006）基于产业链基本原理的角度，认为产业链为某一行业中同一产业或者不同产业根据一定的关系连接而成的网络战略联盟。陈朝隆（2007）基于分工协作的角度定义产业链是以分工协作为基础、以产业联系为纽带、以企业为主体的链网状产业组织系统，并认为区域产业链的构建有利于充分利用资源，提升产业竞争，从而有助于构建高效的区域和企业之间的新型合作关系。李仕明（2002）基于政府和企业的角度认为，企业的经营与其环境中的上家、下家有着重要的联系，及经营环境中的上游、中游、下游关系，这种关系被企业称为供应链，但从政府的角度来看，这叫作产业链。因此说，产业链是“技术关联”“战略联盟”“核心竞争力”“价值分配”“价值增值”“分工合作”等关键词的集合，是上下游企业之间基于某种产品技术关联所形成的合作关系，相关企业之间密切合作，共同实现产业链价值增值这一目标。同时，我们也可以从不同角度来理解产业链，产业链可以是不同地区相关产业和行业所形成的命运共同体，同时产业链可以是多个企业价值活动的总和。

无论是价值链、供应链还是产业链，其呈现形式都是链条式的网络状态，也都是“链式”结构，这就是“三链”的共同点。首先，“链”这种形态简单地表述了三者之间的关系，实际的关联状态是多种多样的网络；其次，网络中的各个环节的主体作为“链”的组成部分，就表示一种合作共生的关系，各主体之间是相互合作、共赢的；再次，各环节的主体之间存在一种互相链接而且相互融合的关系；最后，最为核心的问题是：伴随着“链”的价值增值问题，这是各利益主体参与活动的核心。虽然“三链”都是以“链”和“网络”为基本形态，但它们的主要研究角度不同，“三链”依次主要分为微观、中观和宏观。价值链侧重于从微观的角度研究单个企业，在与顾客和供应商的关联中，从企业自身的角度研究链上各个环节的价值增值和价值分配，致力于为顾客创造更多的价值，集中在价值创造的各个活动、环节中，从而在经营过程中获得竞争优势。供应链侧重于中观的角度在研究物流的基础上从产业内部研究企业的发展问题或者说供应链始于物流环节，使企业生产的产品主要通过物流运输在时间和空间之间流通，最后在最短的时间内运输到消费者的手中，在这个过程中为企业自身创造更大的利润。因而，供应链的关键词就是：速度、时间和效率。产业链则基于宏观的角度，从国家、地区和行业等大范围研究整个上下游之间的价值分配和产品供需，同时又关注行业内竞争优势、产业布局和可持续发展问题。在新形势下，产业链已逐渐出现纵向发展的态势，从产业间分工演变为产业内分工或者说在产业链上的分工，产业链横向也在延伸逐渐形成了产业集群。如珠江三角洲和长江三角洲地区是我国经济发展迅速的典型区域，由于其特有的地理优势和资源优势，计算机、通信、家电、服饰等产业在此聚集，逐渐形成镇级、乡级和村级自己的特色产品。目前，我们仍然可以看到，“三链”之间呈现出了互相交融的状态，单个企业会在多种供应链和产业链上充当不同的角色，而一个产业本身也会有多种供应链和价值链。

在介绍了“三链”之间的关系的基础上，本书认为，产业链是一个复杂的有着某种内在联系的系统结构。它研究了各环节之间相互关联，是一种组织结构，强调链条上下游之间相互作用，相互协调发展。因此，本书涉及的产业链是在生态文明建设的背景下，从国家、产业和企业等各利益主体之间协调发展的角度出发，具体是指从原料供应开始，经过制造商生产、分销商销售等环节，最终到达消费者的所有上下游之间的物质流动，着重从产出角度衡量各个环节的价值增值活动。

3.1.2　林木生物质能源产业的概念界定

党的十八大赋予生态文明建设一个特殊重要的地位，林木生物质能源作为生物质能源开发以及产业化的主体，因其具有“不与粮争地，低碳环保”等优点，引起了广泛关注，整个产业呈现出快速发展的趋势（吴伟光和黄季焜，2010）。因此，发展林木生物质能源产业成为建设生态文明的一大举措，被提到国家林业发展战略的高度，并成为新形势下现代林业的重大问题之一。在此背景下，如何加快培育和发展林木生物质能源产业，成为改善民生、促进资源节约型和环境友好型社会建设的必然选择。

传统的薪材林是林木生物质能源的一种，多年以来一直是发展中国家主要的能源来源，但是在农村地区其使用方式基本都是直接燃烧，一方面不能充分燃烧，浪费林木生物资源；另一方面燃烧产生的二氧化碳污染了环境。随着技术的进步，现代林木生物质能源逐渐占领了很大的市场份额。当前现代化的林木生物质能源利用方式主要包括颗粒燃料、生物质直燃发电、生物质乙醇和气体燃料等。然而，关于林木生物质能源的界定还暂未统一。张希良和吕义（2008）从森林资源多样化利用的角度，提出“森林能源”，将其定义为在森林总生物含有量中，并可以通过人的劳动、直接或者间接地取得为人们的生产生活提供能源的“三剩物”和能源林资源；张兰（2010）认为，林木生物质能源是以林木生物质形态存在的能源，即储藏在林木生物质中的化学能量，可以通过直接燃烧或经过一定的技术转化为可以提供电能或热能的能源。那么林木生物质资源是指森林林木及其他木本植物通过光合作用将太阳能转化而形成的有机物质，包括林木地上和地下部分的生物蓄积量、树皮、树叶和油料树种的果实（种子）。

无论是从早期的国外研究还是近年来的国内研究都可以看出，各学者的研究主要都是围绕着林木质直燃发电、林木质燃料制造和林木质液态燃料这三大产业部门展开的。其中，林木生物质液态燃料可以分为林木生物质柴油和林木生物质乙醇两类（Davis and Owens，2003；吕文等，2006；Lawrence et al.，2007）。

林木生物质发电以及成型燃料产业发展现状。2006～2012 年，生物质发电行业迅速发展，国内的生物质发电装机容量增加了 660 万千瓦·时，年均复合增长率达 3371%（杨启军，2016）。但是目前的生物质发电仍然处于初步发展阶段，在资源禀赋高的地区，林木生物质资源并没有得到有效利用。在原料供应方面，原料种类主要涉及薪炭林、灌木林平茬剩余物、森林抚育间伐产生的枝条和城市绿化修剪枝杈等。根据实地调研情况，薪炭林有 170 多万公顷，蓄积量 3900 万立方米，集中分布于西南和东北地区，占比高达 97%，年森林采伐量大约 2.5 亿立方米，可生产采伐和造材剩余物约 1.1 亿吨；现有灌木林地总面积 5300 多万公顷，每年灌木平茬复壮可采集木质燃料 1 亿吨左右；全国 7000 多万公顷的中幼龄林，每年正常森林抚育间伐可获取 0.2 亿～0.4 亿吨原料；另外，城市绿化修枝还能提供一些原料。我国现有林木资源可用作木质能源的潜力约有 3.5 亿吨，全部开发利用可替代 2 亿吨标准煤。在技术方面，我国的生物质发电和生物质成型燃料技术已经初具规模，逐渐形成以林业剩余物为主要发电原料的产业发展布局，而且以灌木平茬物为主要原料的林木生物质热电项目已投产发电。同时，生物质成型燃料因其具有清洁环保、燃烧效率高、储存方便和运输方便等特点能有效替代化石能源，不仅可以为当地居民解决供暖问题，也可以为城市集中供热提供新的方式。2010 年，成型燃料产量约 300 万吨，成型燃料已初步具备较大规模产业化发展的条件。在地区发展方面，福建将乐县以林业剩余物为原料生产固体颗粒生物燃料乐永盛生物燃料有限公司已建成试产，达产后可年产固体颗粒生物燃料10万吨，产值过亿元。2011年1月广西壮族自治区扶南生物质能源有限公司30MW生物质发电项目（甘蔗渣）开工建设，南宁、柳州、玉林等地都有正在建设的生物质发电项目，但还都不是以真正的木质能源为原料。广西在固体成型燃料方面主要利用杉木加工剩余物生产固体成型燃料，产品主要有人造木糠炭、活性炭、固体颗粒，年产量约1000吨。2012年3月26日，即在联合国可持续发展大会第三次会议期间，内蒙古鄂尔多斯市的内蒙古毛乌素生物质热电厂作为首个半干旱的“成功示范”，向人们展示了该项目在治沙、减排以及生物质能源产业等方面取得的成功经验（联合国新闻，2012）。该电厂全部采用国产的技术设备，主要是以沙生灌木为原料。在2008年11月16日一号机组并网发电，2009年2月正式进入商业化运营。该企业主要的发电工艺是直燃发电，2016年的装机容量是12000千瓦·时，原料消耗量为12万吨，发电量为1.5亿千瓦，产值为11250万元。

林木生物柴油发展产业现状。在原料供给方面，根据项目组实地调研，有150多种植物的含油量达40%以上，乔灌木树种中能够达到规模化培育的有30多种，包括油棕、无患子等12个树种，其中油棕、无患子等9个树种的分布面积超过100万公顷，年果实产量100万吨以上，全部加工利用可获得40余万吨生物燃油。在技术方面，已建立的生物质柴油项目有30多个，主要采用废弃油脂作为原料，年产量小于2万吨。木本油脂是具有较大发展潜力的生物柴油原料，现在利用小桐子、黄连木和光皮树种子转换生物柴油的技术比较成熟。研究表明，从小桐子中提炼出的生物质柴油可供柴油发动机使用，无论从燃点、凝固点，还是从含硫量、一氧化碳排放量等方面来看，与当前国内使用的柴油非常接近。目前影响生物质柴油发展的因素主要是原料供应问题、市场价格问题以及技术问题。在地区发展方面，不同地域之间在发展林木生物质能源方面有着诸多自然因素造成的先天差异，再加上各地域在社会、经济、技术发展水平亦存在很多后天差异。福建地区的山苍子是我国特有的香料经济树种之一，根、茎、叶、花和果实中均含有精油，果实含油量达4%～6%，利用山苍子油生产高纯度紫罗兰酮、柠檬醛等，经测算，每亩[①]可产精油约20千克、脂肪油60千克。将乐县把山苍子作为林业生物质能源建设的优势树种，2008年，招商引进福建万芳生态农林科技有限公司，已建立山苍子示范种植基地2150亩，带动农户种植山苍子油料林基地规模8860亩。广西木本油料树种丰富，包括油桐、小桐子、光皮树、黄连木、无患子、乌桕、蓖麻、石栗、油棕等。目前，人工规划种植的树种仅有油桐，其他树种零星分布，全区现有各类油料能源林面积243万亩，全区油桐果年产量7.55万吨，小桐子果0.5万吨。广西智联可再生能源有限公司、广西富源生物燃料化工有限公司、广西凯盛生物燃料有限公司等企业已在广西开展小桐子生物能源林建设，目前尚未形成生产柴油的生产线，目前油桐等油料植物的能源产业化利用仍是空白。云南原料林基地建设方面已初具规模。2006年，云南省政府与中国石油天然气股份有限公司签署了生物质能源发展合作框架协议。2007年，国家林业局与中国石油天然气股份有限公司签署了生物柴油原料林基地建设合作协议。截至2011年底，该省小桐子造林总面积已达135万亩，但遭遇了连续3年的严重旱灾，小桐子新造林地损失严重，目前保存面积有80多万亩。2011年全省小桐子籽产量0.5万吨，产值为1亿元。2011年10月28日，中国航空生物燃料首次试飞成功，云南神宇公司为其提供了大量的原料，有助于推进生物质柴油在全国推广使用。同时，国内的一些企业（中石油、中海油、中粮集团等）也积极投资建设生物质柴油的原料基地，这将有利于推动我国生物质柴油的发展。推进利用生物质果实生产柴油的这一举措，不仅有助于促进资源的有效利用，而且能提高当地农民的收入，这对当地经济的发展起到至关重要的作用。

林木生物燃料乙醇产业发展的现状。在原料方面，国内淀粉类植物资源丰富，具有生产燃料液体的资源潜力。根据项目组实地调研，果实含淀粉的有马棘、芡实、薏苡、苦槠、绵槠、青冈、锥栗、茅栗、甜槠、麻栎、栓皮栎、铁树籽等，根茎含淀粉的有石蒜、狗脊、蕉芋、野山药、百合、土茯苓、金刚刺、贯众、魔芋、芒蕨、葛根、木薯、黄精、玉竹等；其中全国栎类主要分布在内蒙古和东北地区，树种面积大约1600万公顷，可年产种子1000万吨以上，可用于生

① 1亩≈666.7平方米。

产250万吨燃料乙醇；全国葛类总面积约40万公顷，年资源总量150万吨以上，可用于生产大量的燃料乙醇。在技术方面，主要采用淀粉和糖类原料生产燃料乙醇，目前已经实现产业化生产，但是利用木质纤维素生产乙醇的技术虽然有所发展，但是要实现该产业的工业化发展仍然需要持续不断地推进。在地区发展方面，2006年以来，广西在《广西工业重点产业发展“十一五”规划》中，将生物质产业列为五大重点发展的优势产业之一。充分利用现有资源，积极开展木质纤维素转化燃料乙醇、生物化工等高科技产品研发。淀粉能源林方面，全区现有栎类林543万亩，林木蓄积量1894.4万立方米，其中板栗131.25万亩，产量7.31万吨，主要分布在河池、百色两市，按照年产果实375千克/公顷计算，年产种子13.5万吨，可生产燃料乙醇3.5万吨。在林木生物质燃料乙醇方面，利用植物纤维成功研发了木糖—乙醇，实现了资源的综合利用。但是由于利用纤维素酶和木聚糖酶来生产乙醇的成本过高以及发酵转化效率低，纤维乙醇目前主要停留在研发阶段，仍然需要进一步研究（邢熙等，2009）。从长远角度来看，利用木质非粮纤维作为原料是规模化生产乙醇且降低成本的有效途径，这已是不可逆转的趋势，因此需要不断地投入资金进行技术上的研发和突破，推动生物质乙醇的规模化发展。

本书的林木生物质能源产业的定义是：以生产林木生物质固态燃料和林木生物质液态燃料两种产品为目标，以木质生物质、木本油料和淀粉植物为原料，从而为社会生产能源产品的产业。目前林木生物质固态燃料和林木生物质液态燃料可以细分为：林木生物质成型颗粒燃料、林木生物质直燃发电、林木生物质柴油、林木生物质燃料乙醇等。其中，林木生物质固体成型燃料是以沙生灌木平茬剩余物、林木加工废弃物等为原料，在一定的技术条件下将粉碎的林木生物质压缩成高密度、高热值、储存方便的燃料；林木生物质发电林木生物质发电是指将森林采伐剩余物、木材加工剩余物、森林抚育剩余物、灌木平茬剩余物等林木生物质原料，经处理后通过直燃、气化等方式将生物质能转化为电能的过程；林木生物质柴油是指将小桐子、文冠果等木本油料作物通过反应釜、搅拌、沉淀分离、回收酶等环节将原料中油脂转化为柴油的过程；林木生物质乙醇是指将以木薯为代表的植物根茎、果实等淀粉资源通过蒸煮、液化、糖化、发酵、蒸馏、脱水等过程将纤维素原料转化为乙醇的过程。

3.1.3 林木生物质能源产业链的概念界定

在能源危机和环境污染的大背景下，为了促进生态文明建设以及经济社会的发展，林业在生态、社会、经济和文化方面都发挥着举足轻重的作用。它不仅有助于人与自然可持续发展，而且能够为人类生产生活提供丰富的林木生物质能源，同时为农村地区提供大量绿色就业的机会。在新的经济发展形势下，以及在维持林业可持续发展的前提下，如何大力促进林业产业发展的同时建立发达的林业体系，这将成为现代林业发展的总体目标。林业产业包含第一、第二和第三产业，并发挥着其重要的生态功能，在发展的过程中要实现经济、社会和环境效益的统一，就要不断地丰富生态产品、物质产品和文化产品的种类和质量，实现人与自然的和谐发展（张建龙，2006）。产业化是林业发展的关键手段，为林业建设提供强大的推动力。因此，基于《基于林业及相关产业分类（试行）》，结合国内的实际情况，将林业以及林业产业定义为：在林业资源（森林资源、湿地资源、野生动植物资源和荒漠化、沙化土资源）的基础上，以实现环境、经济和社会效益相统一为目标，以第一产业为基础保障、第二产业为核心环节、第三产业为发展方向，为社会提供产品和服务的活动。

产业链实际应用始于农业，目前对农业产业链的研究已深入细分行业和农产品加工业中（喻林和张明林，2006）。因此，与农业密切相关的林业产业链的研究也逐渐得到重视。但是，国外学者偏重于对现象的解释，对林业产业实证研究不多，常采用定量的分析方法进行研究；国内的学者偏重于理论化的定性研究，对林业产业链的界定视角不同，各有偏重，但都有其有效性和合理之处。将林业产业链界定为：在促进人与自然和谐相处、保障国家资源安全和解决“三农”问题的历史前提下，以及在林业三大产业和谐发展的基础上，以各节点之间的空间布局、供需情况和价值构成为依托，为实现产业协同发展，以人才、科技、政策、管理等为支撑，包含林业上游、中游、下游及其他关联产业所构成的横向、纵向延伸的一种多维度的网状的关联结构（杨加猛，2009）。

基于国务院批准发布的《林业产业振兴规划（2010～2020）》，各级政府为推动林业产业（如木材加工业、木浆造纸业、林产化工、森林旅游、木本油料、竹藤、花卉、野生动物繁育技术、林业生物质能源、沙产业）等的发展出台了一系列政策举措。林木生物质能源产业作为十大林业支柱产业之一，其发展能进一步推动林业产业又快又好的发展。相应地，林木生物质能源产业链作为林业产业链中的重要一环，其发展将会更加促进林业的发展。因此，本书在前人关于林业产业和林业产业链理论的基础上，将林木生物质能源产业链界定为：以林业剩余物和木本油料植物为原材料，以林木生物质能源产品（主要包括成型颗粒燃料、林木生物质发电、林木生物质柴油和林木生物质燃料乙醇）的原料获取、仓储运输、生产加工、仓储运输、终端销售五大环节所形成的网络结构，如图3－1所示。具体而言，整个产业链以林业剩余物和木本油料作物为始点，根据其使用方式分别向林木生物质成型燃料、林木生物质发电、林木生物质柴油和林木生物质能源产品四个产业延伸，每一条延伸的路径中都会包含原料采购、储存、加工、运输、销售这五个环节，产业之间流入物相互交叉使用，共同形成复杂的林木生物质产业链。

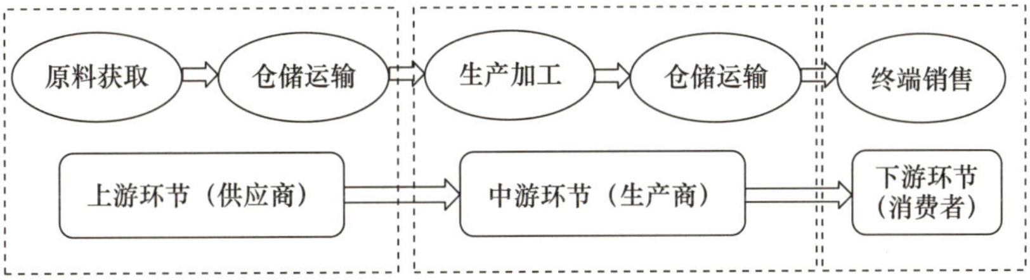

图3－1 林木生物质能源产业链概念

3.2 林木生物质能源产业链形成动因

一般认为，决定和影响产业发展的因素是很复杂的，从宏观层面看，有经济、政治、社会、文化等因素，这些因素相互作用，共同影响着产业发展的轨迹。在对一个产业进行影响因素剖析的时候，可以借助这4个因素——政治的（Politics）、经济的（Economic）、社会的（Society）和技术的（Technology）角度（以下简称 PEST 分析理论）来总体上把握宏观环境，并评价这些因素对战略目标和战略制定的影响，因此，本部分采用 PEST 分析理论对林木生物质能源产业形成的动因进行系统归类。

3.2.1 政策动因

据目前研究，林木生物质燃料完全可能成为一种新型清洁替代燃料，有利于保护环境，并且能够降低我国对国际市场能源的依赖程度，进而保障国家的能源安全。以林木生物质成型燃料为例，它具有比较明显的低碳环保优势，其各项污染物排放指标远远优于燃料油及煤炭，且个别排放指标可与天然气相媲美。几种常规化石燃料燃烧时大气污染物排放的数据对比如表 3－1 所示。

表 3－1　林木生物质成型燃料与其他燃料大气污染物排放对比

指标	成型燃料	天然气		重油		煤	
	实际值	限定值	实际值	限定值	实际值	限定值	实际值
烟尘/（mg/m^3）	40	50	30～50	80	100～400	80	5000～16000
SO_2/（mg/m^3）	100	100	40～80	900	800～6000	900	800～2000
NO_X/（mg/m^3）	200	400	60～250	400	150～800	400	300～1000
林格曼黑度	0.5						

资料来源：实地调研。

此外，利用林木生物质能源是解决“三农”问题和实现“绿色就业”的重要举措。林业与农民的天然关系决定了林木生物质能源的发展能切实地改善农村的生活环境，为农民增加了收入，提供了就业机会。然而，对于企业来说，经济效益和环境效益往往存在一定的矛盾性，尽管林木生物质能源项目是一种节能环保项目，但是该项目资金回收周期时间长，影响企业日常的现金运转，同时在发展初期，缺乏促进林业生物质能规模化和产业化发展的相关政策与措施。因此，政府的导向性政策在林木生物质能源产业链的形成过程中起着不可忽视的作用。为了确保生物质能源产业的稳步发展，中国政府把发展生物质能源作为重点支持领域与鼓励发展的范围，并出台了众多法律法规和政策（见表 3－2），直接或间接地推动林木生物质能源的开发和利用。

表3-2　林木生物质能源产业发展的相关政策法规

直接推动产业发展的政策	《关于加快农村改造节柴工作的报告》 《关于发展生物质能源和生物化工财税扶持政策的实施意见》 《全国能源林建设规划》 《关于印发促进生物产业加快发展若干政策通知》 《林业生物柴油原料林基地“十一五”建设方案》 《全国林业生物质能发展规划（2010~2020）》 《2015年循环经济推进计划》 《能源发展“十三五”规划》 《可再生能源发展“十三五”规划》 《生物质能发展“十三五”规划》 《关于扩大生物燃料乙醇生产和推广使用车用乙醇汽油的实施方案》 《可再生能源法》
间接推动产业发展的政策	《中华人民共和国节约能源法》 《中华人民共和国可再生能源法》 《可再生能源产业发展指导目录》 《国家能源中长期发展规划》 《中华人民共和国节约能源法》 《限煤令》 《大气污染防治行动计划》 《“十三五”生态环境保护规划》

出台政策可以直接推动林木生物质能源发展。从1983年我国鼓励推行节柴灶以来，陆续颁布的政策及行业标准为大力推动林木生物质能源产业营造了良好的发展空间，同时运用宏观经济手段重点扶持产业，如投入4.8亿元国债资金用于安徽等省试点燃料乙醇企业建设，并免征其消费税，对其增值税实行即征即退的返还原则。2016年12月6日，国家根据《能源发展“十三五”规划》和《可再生能源发展“十三五”规划》，制定了《生物质能发展“十三五”规划》（国

家能源局，2016）（以下简称《规划》）。《规划》重点强调：提高整个能源系统中清洁能源的占比，确保风能、太阳能、生物质能等清洁能源优先发电，截至2020年，确保非可再生能源占比达39%左右，煤炭、石油等化石能源的消费总量减少至58%左右。同时为林木生物质能源产业（如林木生物质成型燃料、林木生物质发电、林木生物质柴油和林木生物质乙醇）提供了优惠的政策，从而为林木生物质能源产业链的壮大营造了非常好的宏观环境。在林木生物质成型燃料发展方面，提高成型燃料在农村、工业园区以及城市基础设施中的使用率，尤其是对环境污染较严重的京津冀地区，建设大型生物质成型燃料热电联产项目，从源头上减少二氧化碳排放量；在林木生物质发电方面，大力推进林木生物质直燃发电全面向更加有效的热电联产方向转变。对于原有的纯发电项目逐步改造成为热电联一体化项目，进而为乡村、县城、工业和商业高效供暖。同时，也要加强对发电规模的管制，对于国家政策优惠以外的生物质发电方式，由地方出台政策调控。在生物质乙醇方面，尽管国内的技术已经很先进，仍然要时刻关注国外的发展动态，积极引进国外的先进技术和管理模式，优先开展生物质乙醇项目；在林木生物质柴油方面，加快生物柴油在交通领域应用，建立健全生物柴油产品标准体系，推进技术创新与多联产示范。提升生物质柴油的质量，对项目进行升级改造，以便满足交通运输行业的需要；同时在已有的生物柴油市场的基础上，建立市场推广示范项目，促进规模化生产应用。

从环保出发，间接助力林木生物质能源产业的发展。《限煤令》和《“十三五”规划》两项政策确保了清洁能源在整个社会能源消费结构中的占比，冲击了煤炭在能源结构中的主导地位，减少其总消费量，从政府的角度推动林木生物质能源市场化发展。《限煤令》指出，《限煤令》和《“十三五”规划》的推出从政府的角度控制了社会生产生活中煤炭的消费总量，因地制宜地提高清洁能源消费比例，为林木生物质能源等清洁能源的市场起到了带动作用。《限煤令》指出，在我国大气污染较为严重的“三区九群”地域（“三区”是指京津冀地区、长三角地区、珠三角地区，“九群”是指辽宁中部城市群、山东半岛、武汉及其周边、长株潭、成渝、海峡西岸、陕西关中、山西中北部和乌鲁木齐城市群）实施禁煤令，尝试控制地方煤炭消费总量，为林木生物质能源等清洁能源的市场推广起到了很好的带动作用。其次，《规划》指出，人们对美好生活的追求与生态环境的破坏之间的矛盾越来越深入，不平衡、不协调、不可持续的问题日益突出，不同时期、不同行业和不同种类之间的问题相互交织，人与自然的可持续发展面临很大的挑战。因此，当前的一个重大的挑战是：重点关注典型区域的环境整治，加强生态环境的综合治理，提高整体的环境质量，延缓生态环境恶化。大力推进清洁能源代替煤炭，热电联产机组替代燃煤小锅炉，同时加强商品煤的质量管理。

3.2.2　经济动因

在市场经济的条件下，追求利润最大化是经济主体最核心的经营目的。林木生物质能源企业作为林木生物质能源产业链的主体也不例外。其产业链上的企业之所以能够产生关联组织在一起，就是因其通过上游、中游、下游之间的联系互相创造价值，林木生物质能源自身相比于其他资源在生产成本上也具有一定的发展优势，这是林木生物质能源产业链形成的主要条件。同时，林木生物质能源产业的发展也遵循循环经济的发展趋势，顺应农村商品性能源结构的升级带动能源产业结构升级的趋势，带动了林木生物质能源产业链的发展。

基于林木生物质资源自身的角度，林木生物质能源属于可再生能源的一种，在使用的过程中可以实现“碳中和”，即燃烧过程中产生的二氧化碳排放量相当于植物生长时吸收的碳排放量。因此，林木生物质能源受到高度重视，成为仅次于煤、石油、天然气的世界第四大能源。同时，林木生物能源可以分为传统生物质能源和现代化生物质能源。传统的生物质能源主要是指薪炭林，长期以来一直作为发展中国家的主要使用燃料；现代化的生物质能源是指借用先进的技术将林木生物质转化为各种固化石态燃料和液体燃料，较传统的生物质能源，利用效率高，燃烧充分，可以有效地替代化石能源。同时，林木生物质能源在燃料单价等方面相较于其他燃料具有一定的发展优势。以成型燃料为例，它是以林木生物质剩余物、加工剩余物和废旧木制品等为原料，利用高温高压技术提高原料的密度和热值，这种形式更加便于运输，它的单价是0.85元/千克，相比于天然气、柴油和重油在价格上有明显优势，它的年燃料费用是85万元，比天然气、柴油和重油分别节约43%、47%和35%的燃料费用（见表3－3）。此外，市场是林木生物质能源产业链运行的原动力，林木生物质能源产业链提供的产品或服务，最终都需经过市场的检验和认可。我国林木生物质能源产业的发展受到国内和国际市场的共同影响。一方面，自 2003 年以来，国际原油价格在 10 多年间扶摇直上屡创新高，价格由 2003 年的 36.5 美元/桶，上涨至 2013 年 108.66 美元/桶（BP 世界能源统计年鉴，2014 年），全球进入高油价时代。另一方面，国际原油的高价格促使我国更多地投入煤化工项目，由于这类能源的不可再生性，极大地催生并扩张了生物质能源的市场认可度和市场发展程度。

表 3-3　林木生物质成型燃料与其他燃料之间的比较

项目	成型燃料	天然气	0#柴油	重油
燃料热值	4000 千卡①/标准立方米	8990 千卡/标准立方米	10200 千卡/千克	960 千卡/千克
热效率（%）	75	90	90	90
燃料单价	0.85 元/千克	4 元/标准立方米	8 元/千克	3.8 元/千克
年燃料费用（万元）	850	1480	2560	1330
节约燃料费用（万元）	—	630	1200	480
节约燃料费用比率（%）	—	43	47	36

资料来源：调研所得，价格为 2013 年数据。

基于循环经济的角度，伴随着林木生物质能源的开发不断升级，将会延伸林业产业链，从而带动第二、第三产业的发展。之前，沼气的市场化给农民带来了很大的收益，那么林木生物质能源产品走向市场化之后，有望给农民带来很多收入。利用红薯制取生物质乙醇，利用油料灌木的果实制取生物质柴油，这些措施将会进一步改变原来的传统农林产品结构，加快林业产业链的发展，同时改变当地农民的就业结构，但是在生产的过程中会不可避免地产生废弃物，在发展林木生物质资源的过程中，要利用相关的技术，变废为宝，实现循环经济。比如，现在经常会使用红薯生产生物质乙醇，因为技术不完善，难免会产生废渣酒糟。但如果利用相关的技术，就可以利用其产生沼气，减少废弃物对环境的影响，从而实现真正意义上的环保。因此，从循环经济的角度出发，在使用林木生物质能源的过程中降低生产成本，充分利用资源，时刻关注再污染问题，实现循环经济的

---

① 1 千卡 =4.184 千焦。

发展，顺应我国可持续发展的趋势。

基于农村商品型能源结构的升级带动生物质能源产业的发展角度，农村能源消费表现出了新的特征：一是农村地区经济收入逐年增加，家用电器和住房面积增加，相应地对电能的需求增加；二是农业技术在农村地区的普及不仅促进农村集约化经营，同时增加化肥、农药等的投入；三是交通工具（摩托车、小汽车等）在农村地区的快速普及又引发新一轮的能源需求。面对农村日益上涨的能源需求，充分利用该地区的自然条件，种植丰富的林木生物质资源，特别是种植小桐子、木本油料作物等。在林木资源丰富的地区，要充分利用当地的自然条件，丰富林木生物质的种植种类。这一方面有助于优化当地的农村能源结构，促进农村内部结构优化；另一方面为当地农民创造更多的绿色就业机会，为农村日后的发展提供源源不断的动力。薪炭林自古以来在发展中国家的能源结构中占有很大的比例，因其采用粗放型直燃的燃烧方式，在国内的发展速度慢而且发展低效，使薪炭林在全国的分布较为分散。目前。随着林木生物质能源先进技术的推进，高效地使用林木生物质，不断地细分出种植、抚育、集材、加工、运输和存储等供应链环节，为我国的经济发展注入动力，这将有利于改善当地的生态环境，同时改善农村地区的收入结构（孙凤莲，2010）。

3.2.3　社会动因

从目前的资源来看，我国虽地大物博但人均自然资源仍较为缺乏，这在一定程度上形成阻碍传统产业发展的绊脚石，从而造成了劳动力的大量剩余。从宏观经济的角度来看，产业链的延伸和拓宽一方面缓解了我国的能源危机，保障能源安全，促进绿色消费；另一方面也为我国解决就业问题，尤其是为农民解决就业问题开辟了新的路径。

林业生物质能源产业链的发展有助于减缓化石能源的供需问题。我国是一个能源需求大国，但是本国的矿物质能源不足以满足国内的需求，因此长期以来主要依靠进口。在众多的矿物质能源中，尤其是石油，中国自从1994年开始就一直是石油净进口国，其中2006年的3.2亿吨石油消费中有1.8亿吨是来自进口，预估计到2020年净进口石油消费量将达到215亿~217亿吨，石油依靠进口的比例将达到58%左右。在全面实现经济发展的过程中，化石能源安全问题已经成为我国政治、经济、外交中的关键问题。因此，基于中国拥有丰富的林木生物质资源这一基础，大力推进有效地利用包括林木生物质资源在内的可再生能源将必定成为今后能源发展的主攻方向，这也是解决国内能源供需问题和保障能源安全的迫切需求。

任何企业的发展首要因素是在于其产品是否能得到消费者的认同。林木生物质能源产业作为一种绿色生态的产业，更是与公众的绿色消费意识或者说是消费者的社会责任息息相关。林业生物质能源因其碳含量低，在燃烧使用的过程中基本属于“碳中和”，有利于改善生态环境，降低大气污染。众所周知，化石能源（以煤、石油和天然气等为主）在使用的过程中会释放出大量的温室气体，为经济社会和生态环境造成恶劣的影响，相比之下，林木生物质能源其在燃烧的过程中产生的 SO_2、No_X 会比化石能源少很多，是一种清洁的可再生能源，受到世界上很多国家的密切关注，并被评为 21 世纪最有潜力的可再生能源。此外，大力发展林木生物质能源和能源林建设和森林覆盖率，不但可以降低大气污染，而且可以构建更加完善的森林生态服务系统，达到环境友好的目标。当消费者意识到全世界正在面临着资源加速消耗、环境污染恶化等问题，且明白这最终必定会对人类的生存环境和生存空间产生严峻的威胁时，人们必然会主动选择购买绿色环保产品。因此，消费者的大力支持也是林木生物质能源产业链演化的一个重要的社会动因。

使用林木生物质能源，实现化石能源替代，有助于提高国家清洁能源使用占比，密切林业产业部门与能源部门之间的关系。这不仅会影响传统的农产品市场的交易量，而且会对当地农民的林木种植数量产生影响。林木生物质能源产业链不仅关系全国的多个基地大县的财政收入、数万林农的经济来源，而且影响着流通领域新能源产品研发、生产企业、仓储、物流、销售等领域的众多人员，提供了大量新的就业机会。同时，产业链的延伸给予企业更高利润回报，也因此吸引了更多的企业不断加入，这些陆续进入产业链组织网的企业反过来也会间接地实现林木生物质能源产业链的延长与扩张，从而又促进产业链的发展。例如，在油料灌木未开发成为生物质能源之前，灌木一般都是随意生长，无人管护。但新的生物质能源技术出现之后，人们逐渐意识到油料灌木可成为一种林木生物质能源，当地政府、企业和农户开始投入大量的资金和劳动力种植、管护这些油料作物，人们将成熟的油料作物进行加工，可以获得生物质油赚取一定的经济收入，逐年形成规模经济，且政府投入的资金也会逐渐增多，从而带动整个地区的经济发展。这不仅改变了传统的能源结构，也为农村地区提供了大量的绿色就业的机会，增加了农民的收入，大力推动了农村地区的发展。

3.2.4 技术动因

科技无疑是产业发展的巨大推动力，对产业链的形成与发展起重要作用。从利用石化能源到利用生物质能源是技术的一大转折点，那么林木生物质能源产业链在形成与演化的过程中更需要有技术的强大支持，新的技术需要研究创制和突破、引进、推广，这些都体现在技术的可行性上和经济性上。

林木生物质能源产业链的形成是基于对林木质废弃物或能源林产品的循环利用，下游企业进入产业链成为某一节点产业的前提是其拥有能够利用上游企业供应物质的技术。此外，虽然作为环保产业，在经济利益和环境方面，企业仍然会优先考虑经济效益，这就涉及技术经济性问题。因此，科学技术是林木生物质能源产业发展的一个关键动因，一定要站在创新和可持续发展的角度来对待这一问题。

一方面，经济全球化发展打破了产业之间的技术壁垒，企业之间通过合作实现了先进技术和资金的相互转换，在此期间也获得了创新能力和科技研发的核心竞争力。在经济全球化的大背景下，在实地调研企业的发展状况之后，根据企业的需求引进国外的先进的林木生物质能源技术，同时，加强国际间在林业生物质能源项目上的合作，了解国内外该技术的研究动态。另一方面，要加大投入资金，巩固已经发展起来的林木生物质柴油技术，不断地突破技术方面的难题，同时增加原料供给范围，推广种植油料灌木林，进一步向市场化发展。比如，关于林木生物质乙醇的生产技术，在不断技术创新的同时，还应该加强纤维素酶和木聚糖酶的生产技术改进，提高戊糖的发酵转化效率，这将成为林木生物质制油产业的一大突破点。根据实地调研情况可知，我国的林木生物质资源分布极其分散，对企业来说，面临着收集成本高、储存成本高等困难，也对企业的经营利润造成一定的影响，因此企业必须因地制宜，在林木生物质资源丰富的地区，采用政府、合作社、企业和农户各主体之间相互合作，建立具有地方特色的生物质能源产业。我国的林木生物质产业仍处在初级阶段，原料供应不稳定而且收集、运输成本高，重要的一个原因是：林木生物质本身的资源分散性以及低密度。因此，在林木资源丰富的地区，可以借鉴国外的经验，建立相应的合作社或者收购站，延伸产业链的长度，推动当地生物质能源产业的发展。

3.3 基于蛛网模型的林木生物质能源产业链演化过程

关于产业链的演化，吴金明和邵昶（2006）、郭承龙等（2009）、杨加猛和张智光（2010）都从多维度的角度进行过相关理论研究。从目前的发展情况来看，林木生物质能源产业链在起步阶段仍不完善，但是其长期的演化过程也是一种产业链在各个维度拓展的表现。

简单地说，从动态角度来看，基于循环经济模式的林木生物质能源产业链首先从原料和产品的供需链开始，逐渐引起产业链形成一定的时空布局，而产业集聚等经济联系和区位效应能够带来产业链价值环节的不断提升以及产业链的不断整合，从而产生新的原料需求和产品需求，鉴于这样的良性互动，便形成了图3-2的三维动态蛛网拓展模型。

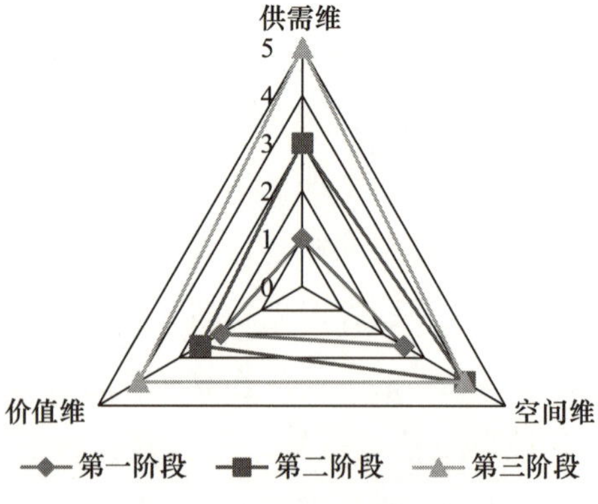

图3-2 产业链三维动态拓展模型

注：供需维上的点依次为：X_1、X_2、X_3；空间维上的点依次为：Y_1、Y_2、Y_3；价值维上的点依次为：Z_1、Z_2、Z_3。

根据图3-2可知，供需维反映林木生物质能源产业生产环节的节点，包括供给链、需求链和技术链，可以表示为能源林培育种植、原料采集、加工到终端消费的具体过程。空间维反映林木生物质能源产业链条的地域区间分布，按照区域大小可分为国家链、省区链等。价值维是影响其他维度变化的重要部分，作用于提升林木生物质能源产业的整体附加值。

具体而言，在循环经济理念的指导下，林木生物质能源产业链的演变从供需维度的社会供需程度 X_1 开始，即社会供需是产业链的起点。社会供需 X_1 导致市场交易，从而形成该产业的空间分布，即空间维度上的 Y_1，在市场交易的作用下，信息流、物质流和能量流的传递关系使区域市场的关联度更紧密，因此产生了产业价值 Z_1，价值的产生进一步促进社会供需的发展。如此循环往复促使林木生物质能源产业链出现新生并不断演化发展，呈上述三维动态变化。其中，供需维上的 X_1、X_2、X_3 表示林木生物质能源产业的原料及产品在供需数量、质量、种类上的不断更新和提升；空间维上的 Y_1、Y_2、Y_3 表示林木生物质能源产业市场交易的不断深化和空间布局的不断优化；价值维上的 Z_1、Z_2、Z_3 表示林木生物质能源产业链不断延伸、拓展引起的产业价值的不断积累。

3.4　本章小结

本章首先阐述了“三链”之间的异同点，明晰产业链的定义，进而对林木生物质能源产业的内涵进行界定，即以林业剩余物和木本油料植物为原材料，围绕林木生物质能源产品（主要包括林木生物质成型燃料、林木生物质发电、林木生物质柴油和林木生物质燃料乙醇）的原料获取、仓储运输、生产加工、仓储运输、终端销售五大环节所形成的网络结构。然后借助PEST模型，从政策、经济、社会和技术四个角度梳理了该产业链形成的动因，并在循环经济理论的指导下，结合蛛网模型，从供需维、空间维和价值维三个维度揭示了该产业链的演化过程，为后文林木生物质能源产业的模式分析奠定了基础。

第 4 章 林木生物质能源产业链模式分析

在市场经济自由竞争环境的作用下，产业链的每一个环节都是众多产业部门的集合，即可这样认为，林木生物质能源产业链是一个包含众多子产业链的系统网络。本章深入分析了林木生物质能源整体产业链及各个子产业链的发展模式，具体对林木生物质能源产业链的现有发展模式，也包括林木生物质成型燃料、林木生物质发电、林木生物质柴油、林木生物质燃料乙醇四种不同类型子产业链的发展模式进行了详细探究，并结合调研实际情况对四种子产业链不同环节的发展模式的现状、优劣势进行探析，旨在全面呈现林木生物质能源产业链的发展现状和产业链组织模式，进而对未来产业发展提供借鉴。

4.1 林木生物质能源产业链模式图构建

林木生物质能源产业链的源头即其生产原料主要有两大类：林木剩余物和木本油料植物。其中，木本油料植物在一定程度上也可以转化为林木剩余物。根据使用原料的不同，产业链可分为固体燃料产业链和液体燃料产业链两大类，每条产业链可进行延伸，做产品深加工，例如林木生物质固体燃料不仅可直接燃烧产生汽、热能和电能，产生的灰渣还可以作为有机复合肥料；林木生物质液体燃料包括燃料乙醇，生物柴油在提取过程中产生的果壳可进一步加工为复合肥和生物菌肥，饼粕可进一步加工为蛋白饲料，产生的生物炭可作为吸附剂和还原剂；同时对原料的直接汽提还可以深加工为精油和日化产品。通过对林木生物质原料的深加工，有助于形成完整的林木生物质能产业链，使林木生物质能产品能够覆盖生活的各个方面，实现可持续发展。图 4－1 即基于林木生物质能源发展现状呈现的林木生物质能原料资源化的各方面内容。

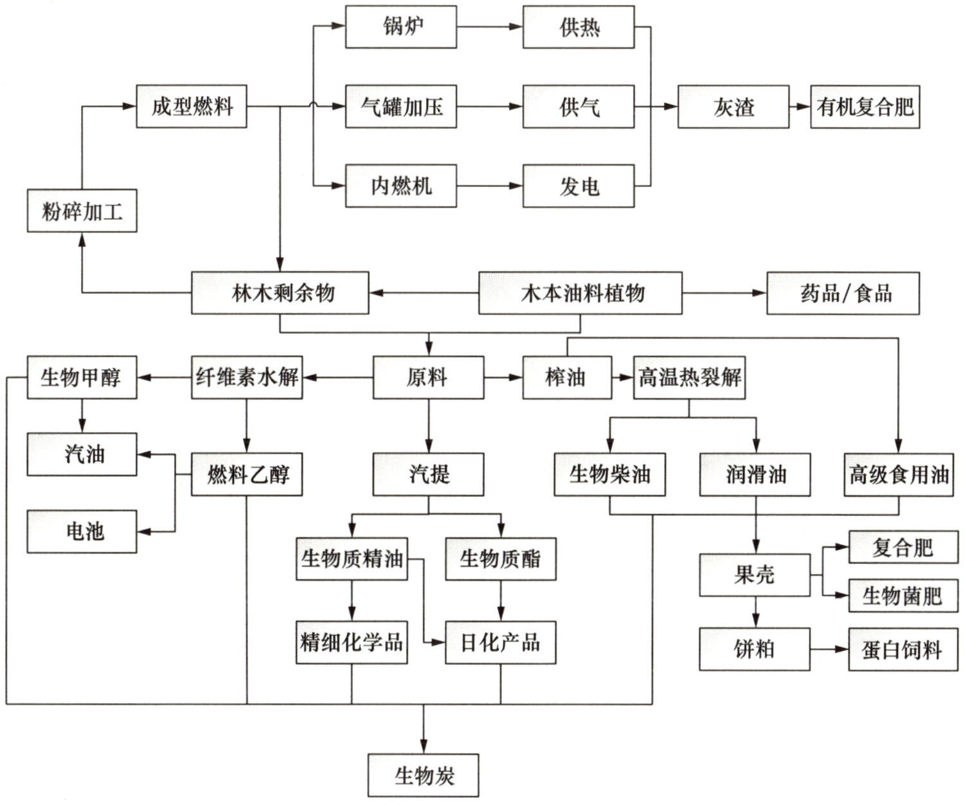

图 4－1　林木生物质能源产业链模式

4.2　林木生物质固体燃料产业模式分析

林木生物质固体燃料所用的木质资源主要包括薪炭林、林业生产“三剩物”、灌木林平茬以及森林抚育间伐所产生的枝条、小径材，以及经济林和城市绿化修剪枝杈等。

我国木质资源主要分布在东北林区、西南林区和南方林区等各大林区，其余各省也均有覆盖。“十二五”期间，我国年均采伐限额达27105.40万立方米，换算为生物量约32748.3万吨，按照采伐、造材剩余物占采伐量的30%的比例计算，我国每年产生的采伐、造材剩余物约为9824.5万吨；木材加工剩余物按照木材产量的25%计算，约为2044万吨。因此，我国在“十二五”期间的林业生产“三剩物”年产量约为11868.5万吨。根据《全国林业生物质能源发展规划（2011～2020）》统计，我国现有薪炭林174.73万公顷，主要分布在云南、辽宁、山西、湖北、广西等省（自治区），按照每年每公顷可采薪材10.5吨估算，薪炭林年采伐量可达1834万吨；我国现有灌木林5365.34万公顷，主要分布在四川、内蒙古、云南、广西、湖北等省（自治区），按照每年每公顷可采薪材7.5吨估算，灌木林年采伐量可达40240万吨（国家林业局，2013）。综上所述，我国每年产生的可供能源化利用的木质资源约52108.5万吨（未包括次小薪材、经济林修剪、抚育更新），相当于22407万吨标准煤（1吨木材的燃烧值相当于430千克标准煤）。

目前，我国在林木生物质资源能源化的过程中，主要包括以林木生物质原态进行直接燃烧或者混合燃烧，以及粉碎压缩成型后燃烧以实现供热、供气和发电等形式。因此，林木生物质固体燃料产业主要包括林木生物质成型燃料和林木生物质发电两种。

4.2.1 林木生物质成型燃料

林木生物质成型燃料一般是指将森林采伐剩余物、木材加工剩余物、森林抚育剩余物、灌木平茬剩余物等林木生物质原料，进行粉碎干燥等预处理后，在一定的温度下施于某强度压力，通过专用的成型设备压缩使其成为一种固形物。现阶段，我国的林木生物质成型燃料企业多为自营的中小型企业，但相较于其他林木生物质能源类型，由于其加工转化技术简单，开发成本低、原料来源广、燃烧性能好等特质，林木质成型燃料已经形成了较为成熟的产业链。

4.2.1.1　原料获取环节

目前，林木生物质成型燃料企业的原料获取主要有以下两种方式：

其一，直接收购模式。在该模式下，企业作为直接收购主体向当地农户收购原料，不负责林木生物质发电原料的采收和运输。原料由当地单一林农或林农合作组织进行采集和初加工，并利用自有交通工具或租车将原料运送至企业。企业向农户提供的原料收购价格以周边地区市场价为准，散户没有权利对价格进行干预，原料供给量、供给价格不受合同或其他协议的约束。这种收集方式在运输时间、运输形式方面具有灵活性，而且能够帮助企业节约收购点建设成本、仓储成本以及管理成本，是较为经济的一种收集模式。

但在这种模式下，也存在极高的风险性与不确定性。尤其是在恶劣天气或非采伐季节，农林散户与生产企业之间的口头约定无法对散户形成制约，散户无法及时、持续供应原料，会导致企业原料收购量锐减，使生产受到影响。另外，考虑到成本因素，对于远距离农户而言，耗油与交通工具维护使成本高于出售原料的利润，所以该模式仅在运输距离短且资源分布集中的地区较为适用，在运输距离长且资源分布分散的地区运营效率较低。在产业发展初期，为保证原料稳定、可持续供应，直接收购模式需要与其他多种收购模式结合使用。

其二，中间商收购模式。在该模式下，企业与中间商签订收购协议，并施行奖励制度，中间商负责向当地林农、林场、林业加工厂等收购木质原料，统一运送至企业加工厂。该模式有利于实现林木剩余物原料的集中，同时中间商对于原料进行第一层把关和初级加工，能够保证原料的质量，进而提高企业发电的效率。

现阶段，这种原料供给模式是林木生物质能发电产业原料供应环节的主要模式。中间商的作用与收购点相似，都是连接农户与企业的中间点，区别在于，中间商从事收购工作是自主行为，为自身利益服务，更具有自主性。而收购点多为企业布点，会给企业带来额外的运营和维护成本。所以，从企业成本约束来看，这种供应模式更具有优势；中间商收购的灵活性同时也能够降低农户采伐和运输林木废弃物的成本。

在直接收购模式和中间人收购模式下，林木生物质能源企业不直接参与原料的采集和运输活动，仅作为收购方对原料进行收集，原料收购价随原料类型、收购季节发生变动。

4.2.1.2 加工成型环节

将林木质原料进行压缩成型加工，可大大提升其燃烧性能，延长燃烧时间。林木生物质固体燃料的形状主要包括棒状成型燃料、块状成型燃料和颗粒成型燃料，目前大多企业以生产加工直径为8毫米、10毫米、12毫米的颗粒燃料为主，加工成本基本保持在850元/吨左右。企业通过直接收购、中间人收购等方式进行原料收集，利用削片机对大块或长条原料进行切片，在得到体积较小的原料之后，利用自然晾晒对原料进行干燥处理，待原料含水率降至15%以下，利用粉碎机将原料进行粉碎，最后利用压块机、制粒机将压制成块状、颗粒状成型燃料。待压制好的成型燃料冷却之后，对成品燃料其进行热值检测，经检测合格之后进行下一步包装和储运，最后进入销售环节。具体工艺流程如图4－2所示。

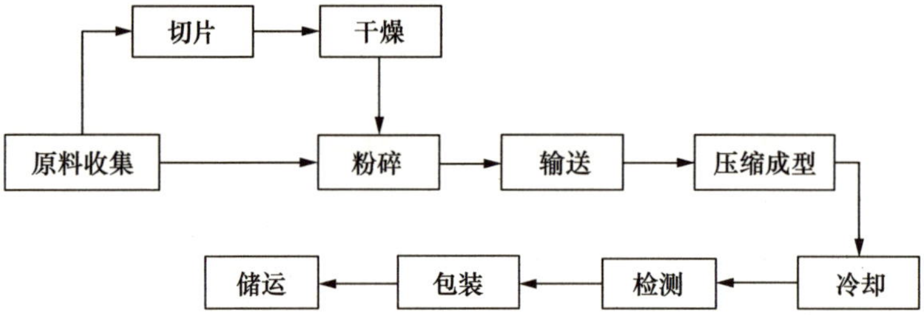

图4－2 林木生物质固体成型技术流程

4.2.1.3 销售输出环节

林木生物质成型燃料的销售形式主要有两种：一种是直接销售成型燃料，如内蒙古通辽市的科尔沁区木里图镇西花灯村被作为试点村，由当地政府补贴提供炉具，蒙古沃德生物质科技有限公司为其提供成型燃料，实现生物质供热。这种直销燃料的方式比较少见，且尚处于推广试验阶段。另一种是目前企业都在实行的"合同能源管理"服务销售形式。

"合同能源管理"（Energy Performance Contracting，EPC）是在西方发达国家最先被应用的，以市场运作为基础推动节能的服务机制（常燕等，2011）。根据2010年颁布的《合同能源管理技术通则》，合同能源管理是指提供节能服务的专业公司与用能单位为实现契约约定的节能项目的节能目标，由专业公司向用能单位提供制定节能方案、节能能源设备等必要服务，并由用能单位用节能效益支付专业公司的投入及合理利润的技能服务机制（李鹏程，2010）。其实质类似于管理学上“服务外包”的概念，用能单位把节能设备的维护和升级外包给第三方，降低本企业承担的节能项目成本；第三方公司采用“能源 + 设备 + 服务”的全产业链模式，根据用能单位不同的能源需求，设计全面的系统能源节能解决方案，依据解决方案为用能单位提供系统节能工程组建、生物质颗粒燃料、能源设备，以及能源设备安装建设和运营服务，最终实现热力的生产。这种借助第三方公司向客户提供的节能服务的模式能够在减少对环境污染的同时降低被服务企业的能源耗用成本，实现节能降耗效益（陈赟，2011）。在该形式下，林木生物质能源企业以销售燃烧成型燃料所产生的蒸汽，实现用能单位的集中供气。本书借助典型企业广西柳州新森能源技术有限公司对这一模式进行具体分析。

案例：广西柳州新森能源技术有限公司

广西壮族自治区地处我国华南地区，属于热带季风气候区，水热条件优越，森林资源丰富。截至 2016 年，广西森林覆盖率达 62.28%，人工林面积达 1 亿多亩，人工林面积、植被生态质量和植被生态改善程度均居全国第一。

柳州新森能源技术有限公司成立于 2005 年 10 月 12 日，经营范围主要包括节能服务、合同能源管理、节能项目投资与管理、能源管理技术服务、秸秆成型燃料、生物质颗粒燃料、环保机制炭的加工生产及购销等。企业秉承“专注环保产业科技，演绎绿色能源精彩”的发展理念，树立发扬“开放、和谐、高效、创新”的新森核心文化观，依托合同能源管理来为终端客户服务以实现国内绿色低碳资源的整合，从而达到节能降耗、创新清洁能源结构以及与客户长期合作共赢的企业愿景，形成了以合同能源管理为核心的企业竞争力。其合同能源管理的商业模式主要有以下两种：

（1）BOT 模式（投资、运营、移交）。该模式覆盖了“投资（Build）—

运营（Operate）—移交（Transfer）”三方面的模式，简称为BOT模式。该模式主要用于原使用燃料为天然气或重油的企业，新森能源通过项目改造使用能单位配备更新为能够适应新型能源燃料的专业锅炉或热能设备，用能单位按照总投资价值的15%支付新森能源合同履约保证金并且负责锅炉房和料仓的土建工程。新森能源以一定的基础价格向用能方提供蒸汽，并保证用能单位实现能源托管后能耗费用可以降低20%~30%。同时，新森能源还根据客户需求针对方案对项目能耗基准和节能量、节能率等相关指标的影响进行测试、验证和实际监测。其中，节能量是合同双方效益分享的重要依据，新森能源销售的是燃烧成型燃料所产生的蒸汽，以蒸汽量（吨）和蒸汽价格（元/吨）来核算支付，然后以一定比例分成的方式（通常为5∶5）与用能单位共享节能所带来的利润。在合同期内，新森能源对整个项目拥有所有权并负责设备运营，当累计所用燃料达到合同约定的总量时即代表合同期满，新森能源才会将设备移交给用能单位。BOT模式的运营过程如图4-3所示。

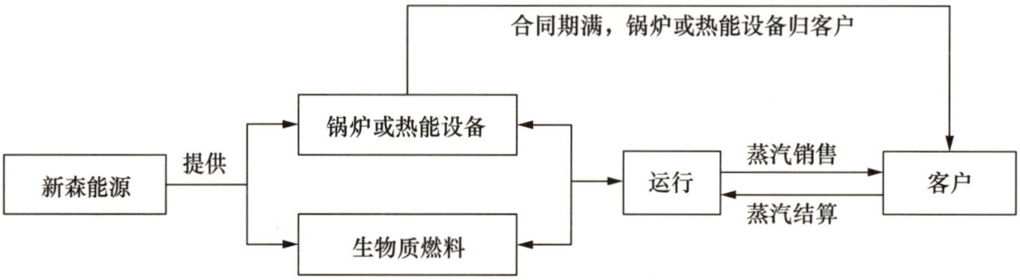

图4-3 BOT模式

（2）“一元”租赁模式。该模式主要用于原使用燃料为LPG液化石油或柴油的企业，一般承诺比原使用燃料节约能耗10%~20%，结算价与客户原使用燃料的市场价挂钩结算。租赁模式与前者的不同之处在于该模式中新森售卖的不是蒸汽，而是新森能源的生物质燃料，这便给予了用能单位更大的原材料自主选择权，因此设备对于用能单位而言并不完全免费，在合同期内需要按照使用天数来向新森能源支付设备租金，当达到合同约定的累计燃料使用量后，设备才能归客户所有。但是在合同期满后新森能源会负责培训客户指定的相关工作人员，以确保客户能够正确操作和维修保养改造中所提供的先进节能设备和系统。“一元”租赁模式的运营过程如图4－4所示。

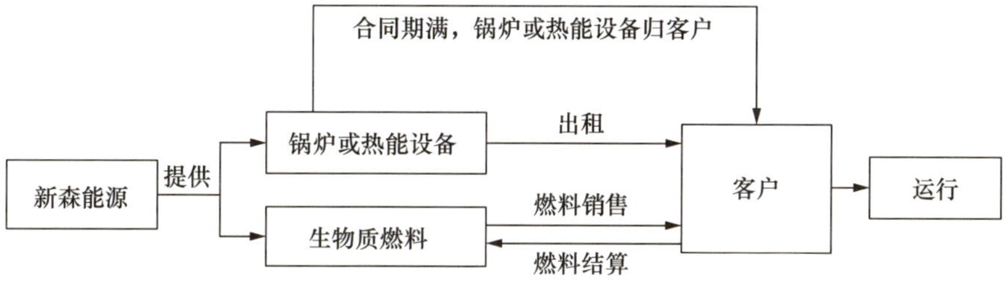

图4－4 “一元”租赁模式

迄今为止，该企业已与30多家中间商联合收购以木材加工剩余物为主的林木质原料，包括树皮、桑枝、桉树枝、木屑、木糠等，以实行合同能源管理，销售蒸汽、能源设备为主，同时也部分销售块状成型燃料、棒状颗粒燃料和含硫酸钾的灰渣（肥料）。企业已经形成了从“林木质成型产品加工—林木质成型设备研发制造—林木质热力服务”全产业链的运营体系，其合作企业包括广西花红药业、广东华天宝药业、双胞胎集团等知名企业。该企业创新性地将BOT模式和“一元”租赁模式应用于企业发展当中，两种模式可以视为推动合同能源管理落地的实操手段，并为合同能源管理的实现提供了保障。同时企业还结合自身产品发展实际，在合同能源管理的总目标下，给予客户用能的自主权，使企业经营更加灵活。这些措施对于其他林木生物质能成型燃料企业的发展具有重要的借鉴价值。

在林木质成型燃料整个产业链的发展过程中，各级政府也通过相关优惠政策给予支持。尤其对于合同能源管理项目，政府借助财政政策、税收政策进行了政策激励：①财政政策：《国务院办公厅转发发展改革委等部门关于加快推行合同能源管理促进节能服务产业发展意见的通知》提出，对于采用合同能源管理方式实施节能改造项目的节能服务公司，符合相关规定的将利用中央预算内投资和中央财政节能减排专项资金给予一定的资金补助或奖励（中华人民共和国国务院办公厅，2010）。②税收政策：《财政部、国家税务总局关于促进节能服务产业发展增值税、营业税和企业所得税政策问题的通知》等相关税收政策文件提出，要采取相关措施减免节能服务公司企业所得税、合同能源管理项目增值税，降低节能服务公司和用能单位的纳税成本，助力企业轻装上阵，持续发展（中华人民共和国财政部，2011）。各个省区市结合各自的发展情况，出台相应奖励政策，如对于以合同能源管理方式的节能项目，三明市按项目年节能量给予节能服务公司300～500元/吨标准煤的奖励。上述政策支持能够为合同能源管理的发展注入巨大活力。

4.2.2 林木生物质发电产业模式分析

林木生物质发电是指将林木生物质原料经过一系列处理，通过直燃、气化等方式将生物质能转化为电能的过程。林木生物质“热电联产”是在发电的基础上充分利用发电过程中产生的热能的一种联合生产模式。与单纯发电相比，生物质热电联产不仅能源利用效率高（75%～90%），而且经济效益好（吕文等，2006）。现阶段，我国以林木剩余物作为燃料的发电项目已经形成一定规模，实现了产业化，但大部分项目仍以发电为主，鲜有企业真正实现“热电联产”。

4.2.2.1 原料获取环节

林木生物质发电企业的生产原料主要分为三种：农林废弃物（农业废弃物为主），如国能生物质发电有限公司等；农林废弃物（林业废弃物为主），如武汉凯迪电力股份有限公司等；林木质剩余物，如内蒙古毛乌素生物质热电厂（我国第一座灌木平茬剩余物生物质热电厂）、奈曼旗鑫宸林木质发电有限公司等。

目前，在原料收购模式上主要分为以下几种：①直接收购模式（见成型燃料）。②中间商收购模式（见成型燃料）。③收购点供应模式。该模式下企业自身投入建设资金、人员，根据原料的集中程度设立原料收集站点，同时为入厂前的原料进行削片、干燥等初步处理。设置收购点可以在很大程度上提高收集效率，降低收集成本，能够有效地解决现阶段林木生物质发电原料资源分布零散、原料分布区域交通不便、原料运输难度大等问题，进一步有效提高原料供应的稳定性，实现多途径的原料收集与供给，弥补原料供应和需求的时间差（张兰，2010）。然而，收购点的日常运营成本和维护成本也使单位原料成本增加。因此，资源分布密度和采收成本是进行收购点地址选择和数量设置时需要考虑的关键因素。④能源林供应模式。这一模式下林木生物质发电企业或成立专门的燃料供应公司建立能源林基地，实现能源林种植、采收、初加工处理和运输的一体化经营。能源林具有一次造林、多次采伐、多年利用、单位面积林木资源量高的特点。这一模式能够使我国现有大量宜林地资源得到充分利用，并且将为林木生物质发电提供更加可靠的原料供应保障，有效减少原材料供应的季节变化与价格水平波动带来的风险（张兰，2010）。能源林根据电厂的位置进行合理规划，能够大大减少原材料运输成本，实现原料的可持续供给。但根据实际调研，由于能源林属于林业生产项目，具有投资周期长、施业面积广、对自然条件依赖性较强等特点，初期建设需要投入大量资金，投资完全回收需要较长周期，所以这种供应模式比较少见，企业一般在投产初期为保证原料供应会采取这种供应模式，后期与当地农户建立稳定关系之后，这种供应模式会逐渐被企业抛弃。

4.2.2.2 生产电力环节

整个林木生物质发电系统主要包括：上料系统、生物质锅炉、汽轮发电机组和除尘系统。根据原材料进炉前预加工处理方式不同可分为林木生物质直燃热电联产、削片燃烧热电联产和成型木质煤燃烧热电联产，因为成本问题，目前鲜有使用成型木质煤作为原料的热电厂。

林木生物质发电的方式主要有三种（见表4-1），其中直燃发电和气化发电是目前生物质能转化为电力的两种主要方式。具体工艺过程为：在原料收集工作完成之后，中间人或企业需对原料进行破碎加工，将加工好的原料露天存放直至含水率降至15%～20%甚至以下，并将原料运送至生物质锅炉进行燃烧，燃烧过程中形成的高温、水蒸气带动汽轮机运转，同时高压汽轮机带动发电机完成发电，产生电能。完整的技术流程如图4-5所示。

表 4-1 国内各种生物质发电技术特点

发电方式	直接燃烧	气化	混合燃烧
技术特点	燃料在锅炉中燃烧，产生蒸汽，驱动汽轮机	燃料气化后生成可燃气体，净化后燃烧，驱动内燃机或燃气轮机	燃料与煤混合后燃烧产生蒸汽，带动汽轮机
优点	技术成熟、规模大、燃料处理简单、设备可靠	低排放、效率高、容量范围广、初始投资小	运行简单、初始投资小
缺点	排放大、小容量机组效率低、燃料适应性差、初始投资大	系统复杂、大容量机组技术不成熟、运行费用高	对生物质原料及预处理要求高，混烧对原系统有影响

注：该表转引自黄锦涛等（2008）。

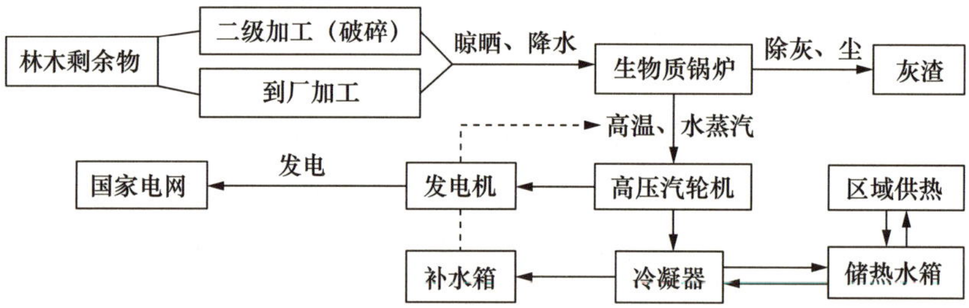

图 4-5 林木生物质"热电联产"技术

4.2.2.3 销售输出环节

生物质发电还处于发展初期，与煤电等成熟的发电形式在资源获取、工艺技术上存在差距，发电成本相对较高，缺乏市场竞争力。为了扶持新能源发电产业的发展，国家采取电价补贴政策支持生物质发电产业的发展。

我国 2006 年颁布的《可再生能源发电价格和费用分摊管理试行办法》指出，实行政府定价的生物质发电项目上网标杆电价由国务院价格主管部门分地区制定。生物质发电项目上网标杆电价包括各省（自治区、直辖市）2005 年脱硫燃煤机组标杆上网电价和补贴电价两部分，其中补贴电价标准为 0.25 元/千瓦·时。生物质发电项目自投产之日起，15 年内享受补贴电价，运行满 15 年后，取消补贴电价。此外，生物质发电项目可享受收入减计 10% 的所得税优惠以及增值税即征即退政策。政策对于补贴对象进行了严格界定，对于发电利用原料中常规能源超过 20% 的混燃发电项目，执行当地燃煤电厂的标杆电价，不享受补贴电价（中华人民共和国国家发展和改革委员会，2006）。2010 年 7 月，国家发展改革委发布的《关于完善农林生物质发电价格政策的通知》对全国农林生物质发电上网标杆电价标准进行了统一要求：对未采用招标形式确定投资人的新建农林生物质发电项目，统一执行绿色标杆上网电价 0.75 元/千瓦·时（含税）（中华人民共和国国家发展和改革委员会，2010）。

武汉凯迪电力股份有限公司的主营业务包括环保产业、新能源及电力工程等领域的新技术、新产品的开发和应用，该公司是由原国电公司推荐上市的第一家电力环保企业，可见对该公司营运模式的探究对于深入了解生物质能源发电工艺、发展现状具有典型性和重要意义。

案例：武汉凯迪电力股份有限公司

武汉凯迪电力股份有限公司于 1993 年 2 月在武汉东湖高新技术开发区成立，是一家以定向募集方式成立的股份有限公司。1999 年 9 月 23 日，该公司在深圳证券交易所正式挂牌上市。主要从事电力、新能源相关业务。该公司致力于开发生物质绿色能源和低碳循环经济产业，其核心使命是奉献环保。旗下拥有 20 个生物质能发电厂（项目），多项有关流化床的研究专利。以北流凯迪电厂为例：

北流凯迪电厂是一个单纯的发电项目，该厂拥有 1 台装机容量为 30000 千瓦的机组，使用气化发电方式，其原料主要是农林废弃物（林业废弃物为主），包括木材加工剩余物、废旧木制品、桉树叶、稻草和甘蔗叶等。采用“40% 村级收购点 +60% 大客户”的燃料收购模式。其中，村级模式是在距离加工厂 50 ~150 千米范围内下设 12 个收购点，由企业组织收购、破碎，运输外包给第三方；大客户模式也是直接收购模式的一种特殊体现，林业大户自行组织进行原料削片等一系列的初步处理（削片长度 <10 厘米）。具体的运营模式如图 4 -6 所示。

将大客户原料供给、村收购点原料供给两种模式结合能够最大化带动周

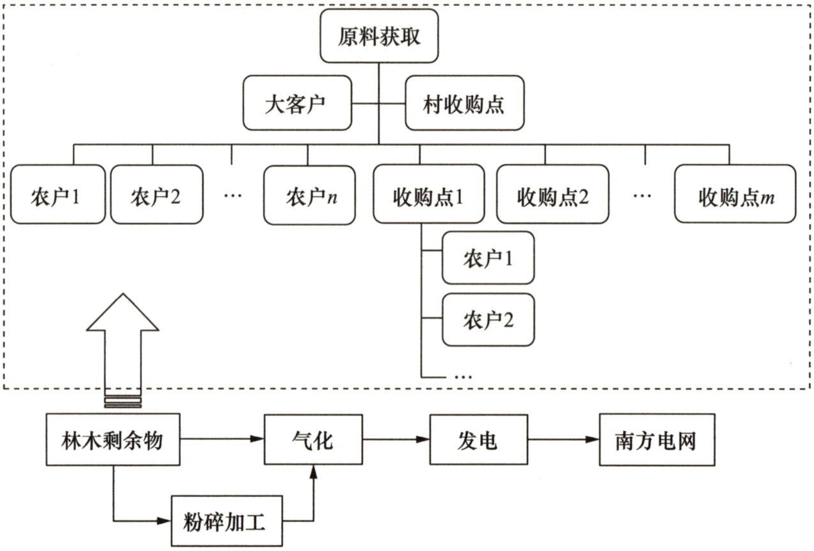

图4-6 北流凯迪电厂运营模式

边农户从事原料收集的积极性，从而保障企业原料的供给。尤其是收购点的设置，等同于企业设置分身，再由每一个分身面对周边农户，这相当于将企业的号召率成倍化，能够最大效率地拓展原料市场。同时，对于有一定资金实力且发展较为成熟的企业而言，这种做法将一线的市场、加工部门与核心技术部门分离，能够实现企业核心部门的减负，有助于企业轻装上阵，快速发展。凯迪电力一直以来以“虚拟经营”的思想指导企业发展，具体而言就是企业从外部获取资源（而不是占有），与其他企业或者主体结成伙伴和联盟关系，“只求所用，不求所有”，最大化地利用周边资源（成东，2005）。从原料供给环节而言就是借助林业大户、村级收购点、第三方运输等资源完成原料供给，从生产运营环节而言就是将后勤、施工等进行外包，以保证己方企业最关键的业务活动，轻装上阵，“以小钱赚大钱”。林木生物质能发电企业的经营涉及环节、主题较多，系统结构较为复杂，为保证企业持续快速发展，凯迪电力的经营模式能够成为一个很好的借鉴。

4.3 林木生物质液体燃料产业模式分析

林木生物质液体燃料包括林木生物质柴油和林木生物质乙醇，它们都是重要的可替代能源，也是当前我国能源替代战略的着力点。其中，生产林木生物质柴油的原料主要是由小桐子、文冠果、黄连木、光皮树、油桐、乌桕、无患子这七大树种为代表的油料能源资源，生产林业生物质乙醇的原料包括以木薯为代表的植物根茎、果实、栎类树种，以及葛类等淀粉能源资源。

根据《全国林业生物质能源发展规划（2011～2020）》，中国现有木本油料林总面积超过 135 万公顷，种子含油量在 40% 以上的植物有 150 多种，可以规模化培育的有 30 多种，且主要树种年产果实量在 100 万吨以上，若全部加工利用可成产 40 多万吨的生物燃料（国家林业局，2013）。目前，我国栎类树种面积约有 1600 万公顷，葛类植物总面积约为 40 万公顷，主要分布在东北的黑龙江、吉林和内蒙古三省（自治区），这些栎类林和葛类植物年可达到 300 万吨燃料乙醇的生产量。

相比于林木生物质固体燃料产业，林木生物质液体燃料产业有着更为广泛的产业延伸力，不仅能够实现能源的直接替代，而且在其衍生品的制造过程中还具有间接能源替代的作用，如替代以石油、棕榈油衍生品为主要原料的日化产品等。现阶段，由于市场、政策等原因，林木生物质液体燃料产业以生产销售其附属衍生品为主。

4.3.1 林木生物质柴油

相对于燃料乙醇，我国林木生物质柴油的开发利用比较快，且部分成果已经达到国际先进水平。如四川大学和四川林业科学研究院，这两个科研院所目前已经在小桐子树种的选育和提炼林木生物质柴油方面实现了我国能源林培育的突破性进展；云南神宇集团取得中国首次生物航空燃料的成功试飞；湖南林科院选取并培育了绿玉树、光皮树等。目前，国内建成的生物柴油项目有 30 多个，其中利用木本油料植物作为原料转化生物柴油的技术也比较成熟，我国主要木本油料植物的特性如表4－2所示。

表4－2 几种主要木本油料植物的种子含油量和分布情况

植物名	小桐子	文冠果	黄连木	光皮树	油桐	乌桕	无患子
含油率（%）	30～60	30～50	35～49	33～36	约65	约40	约42
分布	云南 四川 贵州	内蒙古 甘肃 陕西	陕西 河南 湖北	江西 湖南 湖北	四川 重庆 湖南	湖北 浙江	福建 浙江

资料来源：表中数据整理自《全国林业生物质能源发展规划（2011～2020年）》。

4.3.1.1 原料获取环节

提炼林木生物质柴油的原料基本有两种：林木剩余物和木本油料植物。林木剩余物的获取方式基本和固体燃料的一致，不同的是以林木生物质柴油为主的企业的林木剩余物很多是直接来源于其木本油料能源植物的剩余物。木本油料植物的获取方式基本运用了“农户＋基地＋企业”的战略联盟思想，即企业建立能源林基地，并与农户之间签订形成稳定的交易和合作关系。其中，企业按照约定的收购数量和收购价格，以及相应的价格激励承诺来购买农户的产品，并为农户提供种植、农药、采收等技术方面的支持；农户同样需要按照约定，以及企业技术规程在规定的时间内，向企业提供生产原料。稳定的战略联盟关系能降低双方的经营风险和市场交易成本，有效地促进产业发展。目前，我国在能源林基地种植补贴方面给予200元/亩的政策支持。

4.3.1.2 生产柴油环节

目前生物柴油的生产方法主要有工程微藻法、生物酶法和化学法（王雅鹏等，2010）。目前利用木本油料植物炼制生物柴油的技术比较成熟，林木生物质热化学转化制取生物柴油还不成熟。目前提炼生物柴油的具体工艺为：首先将木本油料进行脱水、除臭、净化处理置入反应釜，在反应釜中加入醇、催化剂与之产生化学反应，等待其沉淀分离之后，将醇回收，将沉淀物过滤之后得到生物柴油。完整技术流程如图4－7所示。

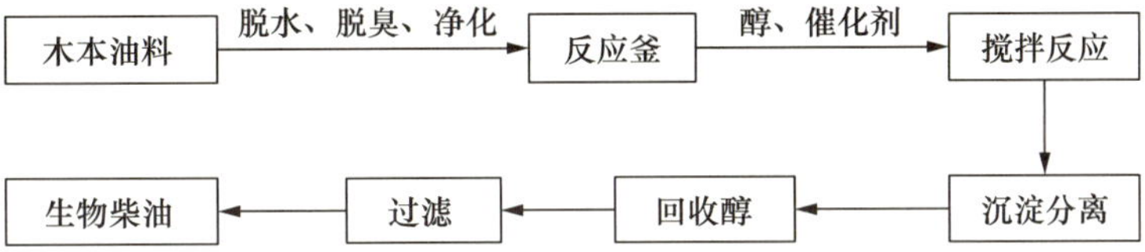

图 4－7　林木生物质柴油技术

4.3.1.3　销售输出环节

现阶段，林木生物质柴油的销售对象主要有两个：一是科研单位，用于研发；二是中石油、中石化等企业，用于配比添加石化柴油，以此达到减排效果。其他延伸品如日化产品、肥料及其他化学品等均直接输出至相关市场。

云南神宇新能源有限公司于 2006 年率先承担了国家发改委生物质工程高技术产业化专项，即国家第一个小桐子产业化项目，开始从事利用小桐子提炼生物质柴油的可持续、绿色事业。目前，该公司的产业发展模式在全国范围内最为成熟，具有典型借鉴意义。

案例：云南神宇新能源有限公司

云南神宇新能源有限公司成立于 2006 年 3 月，是专门在云南省干热河谷贫困地区集约化发展新能源及优质经济林木产业化的公司，先后被认定为：国家级扶贫龙头企业、云南省林业产业龙头企业、云南省农业产业化经营龙头企业、云南省生物质能源示范企业、境外替代种植企业。

该公司是一家以小桐子为生产原料的林木生物质能源企业，拥有 16 项小桐子产业相关发明专利，小桐子优良品种 8 个、新品种 1 个，其中 3 个优良品种被国家林业总局在“能源林可持续栽培指南”中全国推广。该企业有自己的科研基地、种苗繁育基地、种植基地及加工厂。目前，该企业已经育出“云宇 1 号”“云宇 2 号”和“云宇 3 号”3 个优良品种，太空苗也正在试验阶段。企业拥有一条年产 6 万吨小桐子生物质绿色能源的生产线，建成了集研发、种植、收购、生产加工和销售服务于一体的完整小桐子生物质绿色能源产业链。神宇集团小桐子生物质绿色能源产业模式如图4-8所示。

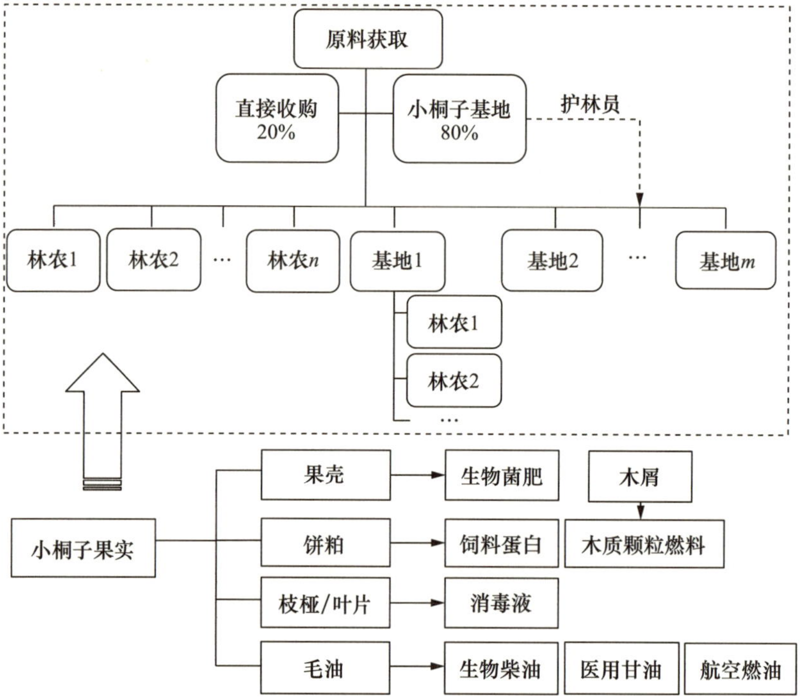

图4-8 神宇集团小桐子生物质绿色能源产业模式

公司在云南楚雄州、文山州、临沧市、曲靖市以及缅甸佤帮共设9个小桐子基地，其中6个基地建成在产，年产小桐子果实有500多吨。同时，在全省37个县设有60个收购点，每个收购点年收购量为4~5吨。企业与林农签订合同，为林农提供种苗、化肥、种植技术培训等，并且对采收以超上限（10~20吨小桐子果实）的林农采取上调收购价格的方法作为对林农的奖励，以提高林农参与小桐子种植和采收的积极性。

小桐子成熟期一般为3年，果实到毛油的转化率是1/3，毛油到柴油的转化率是94%~96%。目前神宇集团的生物柴油主销售给科研单位、中石油

（两种规格：bd5—石化柴油中加入5%的生物柴油；bd10—石化柴油中加入10%的生物柴油，能够达到减排20%的效果），以及其他组合销售形式。

云南神宇新能源有限公司的经营有以下两个特点：①原料收购模式以自建基地为主，直接收购为辅。公司在自有使用权的土地上建设小桐子基地，能够为企业生产运营提供稳定的原料供给，同时雇用当地的林农从事能源林基地的护林活动，使农民从小桐子产业发展中直接受益，还能够有效促进就业；此外，公司面向散户进行原料收购，能够直接促进周边农户增收，激发周边农户种植小桐子的热情，有助于治理干热河谷和石漠化，实现有效利用边际土地。②重视科技创新，积极推动产、研协作。公司目前已经同农科院、中科院等12家科研单位结成战略伙伴关系，同时为农科院科研人员创造优厚条件，方便其长期驻基地开展科研工作。具体成果有：与云南省农科院合作，取得了三个通过鉴评的优良种源；与中科院共同打造院士级专家顾问团队，取得了2项专利使用权，完成了转基因苗和太空种、太空苗在楚雄双柏基地的试验。产研结合为企业创新、企业可持续发展提供了不竭动力。与林农携手，与科研协作，互利共赢，是云南神宇新能源有限公司为林木生物质柴油产业，以及整个林业林木生物质能产业发展贡献的宝贵经验。

4.3.2　林木生物质燃料乙醇产业模式分析

林木生物质燃料乙醇主要是指利用木质纤维素（林业和木材加工废弃物）转化生产的燃料乙醇。根据石元春（2008）的研究显示，目前来说全球唯一可以被预测的，并且已经存在或是即将被利用的，能够为人类的生存发展以及繁衍延续所提供物质和燃料的可持续资源就是木质纤维素类生物质。未来解决原料来源和降低成本的主要途径之一就是通过木质纤维素制取燃料。现阶段，我国以木薯等淀粉类作物生产的燃料乙醇已经基本实现了产业化，而木质纤维素转化乙醇的技术也已有了较大突破，在未来利用木质纤维素生产燃料乙醇将有望实现工业化。

4.3.2.1 原料获取环节

一方面，利用木薯等淀粉类作物生产燃料乙醇的企业基本上采用的都是“农户+基地+企业”的生产模式。另一方面，利用木质纤维素生产林木生物质燃料乙醇的企业，它们往往会联合生产生物柴油等其他能源和化学品。因此，这类企业的生产原料获取方式基本和林木生物质柴油一致。

4.3.2.2 生产燃料乙醇环节

淀粉质原料生产乙醇主要经过蒸煮、液化、糖化、发酵、蒸馏、脱水等过程，作为第二代生物燃料的木质纤维素乙醇，目前生产生物乙醇的具体工艺为：首先将收集的纤维素原料进行粉碎、混合加工处理，将大块原料打碎成小块原料。其次利用锤碎机将小块原料打碎成更细的粉末原料。将粉末原料进行高温高压蒸煮，使其趋于溶解，随后向溶液中加曲使其糖化，并加入酵母实现乙醇发酵。最后经过蒸馏提纯，使溶液中的乙醇、水分、废弃的酒糟分离，得到乙醇，具体技术流程如图4-9所示。

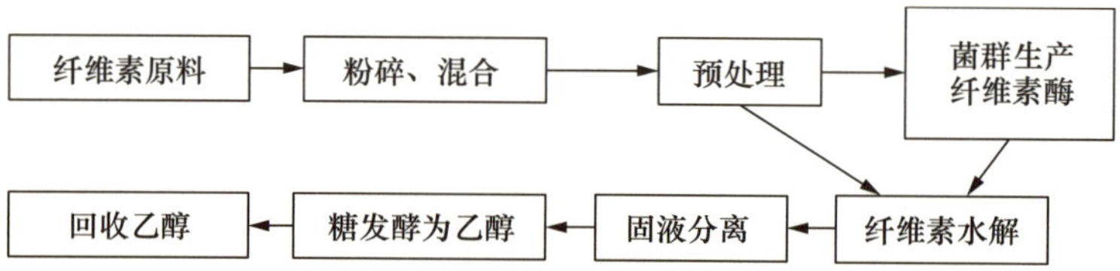

图4-9 纤维素燃料乙醇技术

4.3.2.3 销售输出环节

现阶段，我国林木生物质燃料乙醇的销售对象主要还是中石油、中石化等能源企业作为石化添加剂，以实现清洁能源替代。

内蒙古金骄集团具有自主知识产权的“生物柴油联产生物基化学品”项目经国家发改委批准实施后，拉开了中国生物柴油、乙醇进入工业化生产阶段的序幕，是产业发展的“排头兵”，并具有典型性。

案例：内蒙古金骄集团

金骄集团是国家级生物能源和生物化工示范企业，在北京、包头和赤峰均有生物质产业基地。企业的发展目标是：以内蒙古地区大量的边际性土地（沙荒地、荒坡地、盐碱地、荒草地）为基础，鼓励农户种植非粮含油植物，同时利用湖泊建设养殖微藻工程等，建成我国西部的“生物质谷”；开发以油料林木果实、油料农作物、农林剩余物、水生植物为原料的“生物炼油厂”，创制出生物原油、生物柴油、生物合成润滑油等生物化学品；建设蓖麻能源基地、山桃基地、文冠果基地等作为生物化学品生产的稳定供给源，形成我国西北地区最大的“生物质工程基地”。最终实现内蒙古地区全面应用生物质柴油、改善内蒙古地区的生态环境、实现农林业循环发展、促进农牧民增收、缓解我国能源危机的目标。企业借助包括农林剩余物、速生经济林木等的木质资源为主要原料，与周边林场签订协议，现建有26万亩文冠果能源林基地和110多万亩蒙古栎、柠条基地。其生物质产品主要有三大类，即生物甲醇、生物柴油和燃料乙醇，除此之外，企业还建有热电联产系统和环境综合处理系统，形成了一个比较完整的生物质能产业链网络（隋菲菲和安珍珍，2011），如图4－10所示。

其中，针对以木质纤维素为原料的林木生物质燃料乙醇的生产，金骄集团采用的是其集团独创的化学合成金骄技术，加工成本约870元/吨，销售价格大概在6700元/吨。由于目前国家标准限定，企业仅在2010年有销售，之后便不再销售。

该集团将系统工程思想应用到企业经营过程中，建立能源林基地，利用文冠果果实、文冠果废枝条等多种生物质能原料，利用多种生物质能技术生产多样化生物质能产品（生物柴油、生物润滑油、生物甲醇、燃料乙醇等），采用一体化经营模式发展生物质能产业，使产业链具有生态工业性和可持续循环性（隋菲菲和安珍珍，2011）。

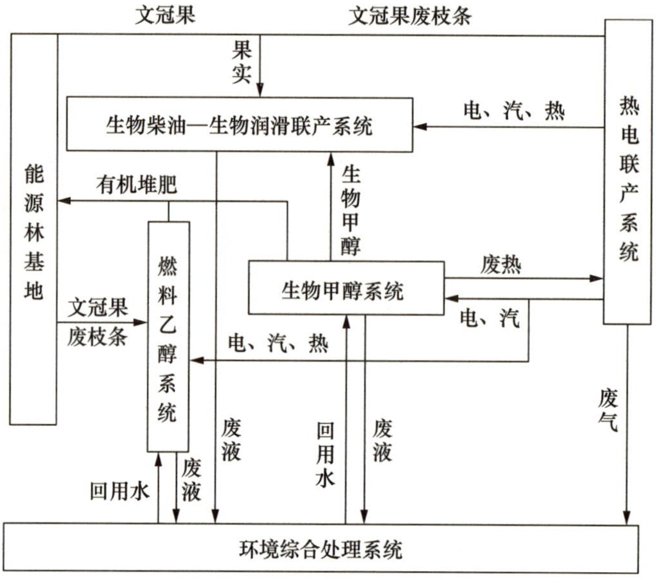

图4-10　金骄集团生物质能产业模式

从案例可知，金骄集团由三大产品系统和两大辅助系统组成，三大产品系统包括生物甲醇、生物柴油和生物乙醇，两大辅助系统包括热电联产系统和环境综合处理系统。五大系统之间存在中间产品和废弃物的相互交换，通过交换实现互相衔接，从而形成完整的生物质能产业链。产品系统作为核心系统，系统之间存在经济技术连接，实现三大核心产品的互相促进、共同发展；两大辅助系统助力集团内的水循环和能量循环，承接了产品系统废弃物的处理，同时为产品系统提供生产所必需的能量。这种模式兼具生态性和经济性，对于林木生物质能燃料乙醇产业，以及整个林木生物质能产业的可持续发展具有重要的借鉴意义。

4.4　本章小结

本章从原料、生产、销售三大环节详细分析了林木生物质成型燃料、林木生物质发电、林木生物质柴油和林木生物质燃料乙醇四大林木生物质能源产品的产业链现有模式，认为当前林木生物质固体燃料产业链发展较快且较完善，林木生物质液体燃料产业链可扩展范围较广，但发展缓慢，目前林木生物质能源企业大都以经营能源附属产品为主，能源产品销售量小，且有些仍处在技术攻坚阶段。从生命周期的角度来看，林木生物质能产业尚处在导入期到成长期的阶段，仍然存在很多问题。为探究林木生物质能产业演进的驱动力和发展差异的影响因素，后续章节将借助 LBCT 模型和波特钻石理论，从链外和链内两个层次，以及长度、宽度、厚度三个维度，对推动和影响林木生物质能产业链发展的因素进行深入探讨。

第5章　林木生物质能源产业链影响因素测度研究

本章基于产业 LBCT 扩展度理论和迈克尔·波特“钻石模型”理论，运用结构方程模型，从产业链长度、宽度、厚度和关联度出发，结合内部因素和外部因素两个方面分析影响林木生物质能源产业链扩展的关键要素，并构建综合分析体系，对影响林木生物质能源的各个因素进行探讨研究。本章通过量化研究，探究我国现阶段影响林木生物质能源产业的主要因素及其影响程度，旨在为构建更加合理有效的林木生物质能源产业链提供参考依据。

5.1　相关研究方法对比分析

国内外学者基于相关理论模型，结合产业链发展的实际情况，采用多种研究方法对产业链发展的影响因素开展了较为广泛的研究。目前，在相关研究中使用较多的方法主要涉及多元回归分析法（Multiple Regression Analysis）、Logistic 回归分析法（Logistic Regression Analysis）、主成分分析法（Principal Component Analysis）及结构方程分析法（Structural Equation Modeling，SEM）等。

多元回归分析法是基于实际调查数据或统计数据来研究分析多个自变量（至少两个）与因变量间的关系的一种统计方法，它可以定量分析事物间复杂关系，并反映影响因素与研究对象的关系。该方法作为影响因素分析中最常见的一种方法，相关学者将其广泛运用在产业链影响因素分析中（王叶，2009；王化玉，2014）。Logistic 回归分析法是一种广义的线性回归分析模型，其是在多元回归分析模型基础上形成的，研究时可以选取连续的自变量，也可以选取分类的自变量，这样使模型限制条件相对较少，近年来被广泛运用在数据挖掘、经济分析和预测中，在产业链影响因素分析中也频繁出现（乔颖丽等，2010；邬兰娅等，2014；万云辉，2014；李伟，2015）。主成分分析法是一种通过正交变换把一组可能存在相关性变量转换为一组线性不相关的变量的常用的统计分析方法。它以多个数值变量之间的相互关系为起点，重点在于将多个变量转化为少数几个不相关的综合变量。在实际的研究工作中，往往存在一系列与之相关的变量，以便于全面地分析问题，这时选择其中最为主要的因素探讨对整项研究更为有利。该方法较少单独使用，作为一种达到研究目的的中间手段，通过提炼数据，浓缩数据之后采用其他的方法来分析研究问题。相关学者将这种方法应用到产业链影响因素分析领域甚至更多领域（綦良群和胡乃祥，2012；程绚，2015；李桂芹，2015）。结构方程模型，在研究产业链影响因素分析方面也发挥着举足轻重的作用。结构方程模型是一种建立、估计和检验因果关系模型的方法，它又被称为因果模型、协方差结构模型和协方差结构分析等。模型既能够分析单项指标对整体的作用，又能分析单项指标间的相互关系。另外，它可能同时包含有可观测的显在变量和无法直接观测的潜在变量。国内的学者对产业链的研究中也多侧重于运用结构方程模型来进行分析（周忠丽，2014；王球琳，2016；卢慧，2016）。

事实上，这四种用来分析产业链影响因素的方法各有优缺点。多元回归分析法在单因变量研究中计算过程较为简单，且模型拟合度较高。在相关产业链影响因素分析中，全面综合分析往往会涉及多个因变量，采用多元回归分析法不仅会增加研究工作的难度，而且模型拟合程度相对较低。另外，多元回归分析法虽然可以较为便捷地分析研究变量之间的关系，反映各影响因素对整个产业链的影响，但伴随着自变量数量增加会产生较大的研究误差，其研究结论与实际不符。Logistic 回归分析在分析过程中有效地结合数理统计方法和专家意见，运用范围相对广泛，但其在分析过程中需要对因变量进行具体分类，对于某些因变量不需要分类的影响因素研究来讲，这种方法就显得比较刻意，同时存在较大的主观成分，研究结论主观性较强。主成分分析可通过综合原始指标，进而探索多个原始指标对个体特征的影响作用，从而达到综合评价样品的目的。总言之，主成分分析就是先对数据压缩，然后再解释的一个过程。由于主成分分析能够较好地综合所有的原始指标，并使信息损失量达到最低，所以这个方法在研究中具有较大的价值。但主成分分析作为一种达到目的的中间手段，仍然需要使用其他方法。若对某些产业链影响因素的各方面进行探讨，此时并不需要刻意地提取某些关键的因素进行研究，那么用主成分分析法就显得不合适。结构方程模型应用领域非常广泛，无论是在社会、经济、市场领域还是在管理等研究领域均适用。它是社会科学研究中常用的一种方法，它有自己明显的优势，解决了传统的统计方法无法很好解决的问题，弥补了传统统计方法的不足，它既能够同时处理多个原因、多个结果的关系变量，又可以处理不可直接观测的变量。基于此，学者们更乐于选择结构方程模型来做研究与分析，这也促进了结构方程模型的迅速发展，使其逐渐成为多元数据分析的重要工具。结构方程模型是多个领域的统计方法的综合，包括计量经济学、计量社会学与计量心理学等领域。它可以估计与检定抽象的概念，并可以同时进行潜在变量的估计与复杂自变量/因变量预测模型的参数估计。结构方程模型没有严格的假定限制条件，它利用联立方程组求解，对自变量和因变量要求也较为宽松，同时允许二者存在测量误差。在许多传统的统计方法中，即使是可以测量的变量，也会因为测量误差问题导致常规的回归模型的参数估计出现偏差，所以结构方程模型克服了这个困难。另外，在许多科学领域的研究中，存在许多并不能直接测量的变量，即潜变量。这些变量多是人们建立的假设概念，是为了理解和研究等，因此这些变量不一定存在直接测量的方法。这时为了测度计量和实际的研究方便，使用一些可以直接观察或者能够测量数据的变量作为这些潜变量的“标识”，但是与可测量的变量误差相似，这些潜变量的误差标识包含了更多的测量误差。因此在实际的研究过程中会由于测量误差的缘故而造成很多困扰，这时如果选用结构方程模型，便会为研究带来许多方便，同时增加准确性。总之，SEM 具有以下几个特点：①与大多数计量方法相比，结构方程模型的方程式允许同时存在多个内衍变量；②结构方程模型允许存在多个潜在变量指标；③结构方程模型允许外衍变量和内衍变量存在误差或残差项；④结构方程模型利用普遍性的测量模型，能更好地分析潜在变量之间的关系。

在分析各种产业链影响因素的研究方法之后，能清晰地看到各种方法的优点和缺点。本章主要针对林木生物质能源产业链影响因素进行研究，鉴于其产业链影响因素涉及生产要素、需求条件、企业战略、结构与竞争状态及相关和支持产业等各个方面，用结构方程模型恰好能够探讨外部因素变量和内部因素变量，从而全方位地对整个林木生物质产业链进行探讨。所以，综合各方因素，最终本书选用结构方程模型作为林木生物质能源产业链影响因素分析的方法模型。

5.2　结构方程模型基本概述

5.2.1　模型基本概述

结构方程模型（SEM）是一种将传统多变量统计分析中的“因素分析”和“线性回归分析”相结合的统计分析方法，也是目前社会领域与行为领域量化研究的一种重要的社会研究方法，近年来也被广泛应用于经济学领域。

（1）测量模型。测量模型由潜在变量和观察变量两种变量构成，是多个线性函数的集合（见图5－1）。通常在分析中，一个潜在变量必须以两个以上的观察变量来估计，它表示观察变量间所形成的抽象特质。具体模型方程式如下：

内衍变量的测量方程式：$Y=\lambda\eta+\varepsilon$　　(5－1)

外衍变量的测量方程式：$X=\lambda\xi+\delta$　　(5－2)

其中，Y为内衍观察变量向量；X为外衍观察变量向量；λ为X、Y的因素负荷矩阵；η和ξ分别为内衍潜在变量向量和外衍潜在变量向量；ε和δ是测量误差向量，表示不能由潜在变量解释的部分。

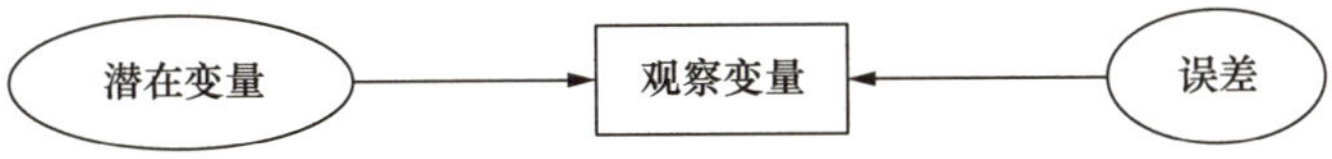

图5－1　简单测量模型

（2）结构模型。结构模型用于说明各潜在变量之间的因果关系，一般用该模型来界定潜在自变量与潜在因变量之间的线性关系（见图5－2）。具体模型方程式如下：

$$\eta = \lambda\xi + \beta\eta + \zeta \tag{5-3}$$

其中，η 为内衍潜在变量向量；ξ 为外衍潜在变量向量；γ 为外衍潜在变量对内衍潜在变量的作用；β 为内衍潜在变量对内衍潜在变量的作用；ζ 为残差向量，表示模型内无法被解释的部分。

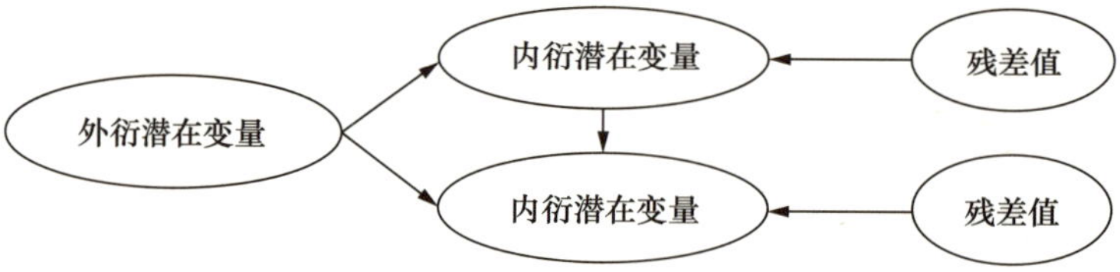

图 5－2　简单结构模型

5.2.2　模型优势分析

相对于其他统计分析模型而言，结构方程模型的重要性就在于其具有传统的统计分析模型所不具有的以下优点（程开明，2006）：

（1）与大多数计量方法相比，结构方程模型的方程式允许同时存在多个内衍变量。与结构方程模型相比，传统的回归分析和路径分析明显存在劣势，它们虽然在统计结果中展示了多个因变量，但是在实际计算的过程中，回归系数和路径系数都是对因变量逐项计算而得到的。除此之外，即使在图表显示的时候同时考虑了多个因变量，但在实际操作过程中都忽略了其他因变量的存在及其他因变量对该变量的影响而得到的。

（2）允许外衍变量和内衍变量存在误差或残差项。比如一些潜变量，由于其自身的特性，无法直接准确测量。比如居民生态福祉、愉悦感等，主观性较强，误差在所难免，并且这种误差较难改进。同样，研究时也无法简化成一个指标去测量它。传统的统计方法不能很好地解决这类问题，但是结构方程模型却能够克服这些局限性，允许内外变量均存在误差，并且潜变量也可以用多个指标去测量。用传统的统计方法计算的潜变量之间的相关系数与用结构方程模型分析所计算出来的潜变量之间的相关系数差别有可能很大。

(3) 结构方程模型允许存在多个潜在变量指标，且可对其进行信度和效度评估。结构方程模型分析潜变量之间的相关性问题时，不需要像传统分析方法中那样先对每一个潜变量用因子分析法计算因子负荷，然后通过因子得分得到潜变量的观测值，再利用这个观测值来计算因子得分的相关系数，最后将这个相关系数作为潜变量之间的相关系数，结构方程模型可以直接同时进行上述的两个步骤，它可以将潜变量与测量指标之间的关系和潜变量与潜变量之间的关系同时考虑。

(4) 结构方程模型允许测量模型具有更大的弹性。结构方程模型的优势在于与传统方法的对比显现得淋漓尽致。在传统方法中，研究者确定模型之后，在统计分析中一旦发现不妥的地方，就只能重新开始，包括重新设计模型、重新计算分析等。很少有模型能够一次性设计完美，那么伴随着模型的不断改进，也极大地增加研究人员的工作量。而结构方程模型的建模分析过程本身就是动态过程，每一次计算分析都是根据原始模型来调整的，而下一次模型改进调整的依据则来源于前一次的计算结果。因此，随着计算分析的进行，结构方程模型也在不断地完善。

(5) 结构方程模型能估计整个模型的拟合程度。结构方程模型可以通过设计不同的模型来拟合同一个样本数据。它可以通过模拟的不同结果来判断能够反映样本数据间关系的最优拟合度。这也是其区别传统方法的优点之一。

结构方程模型通过不断地修改完善整个模型来建模分析数据，它是一个动态的过程。在这个过程中，需要依据每一次建模计算出来的结果分析模型的合理性，然后再利用前一次的拟合结果来调整模型的结构，最终构建一个较为完美的、合理的模型。

5.3 结构方程的建模步骤

结构方程是一种验证性的统计方法，其建模过程主要包含以下四个步骤：

（1）模型建立。在构建结构方程模型之前，首先需要设定潜在变量和观察变量，这里的观察变量指的是潜在变量所对应的观察变量；其次需要限定参数的数值及关系；最后根据变量分析建立理论模型，并绘制路径图。

（2）模型拟合。模型拟合就是对结构方程模型求解，并进行参数估计，使模型中的隐含协方差矩阵与样本协方差矩阵尽可能地接近。目前，主要是以极大似然法和最小二乘法来进行假设检验、区间推定等。

（3）模型评价。模型评价是在利用样本数据对所设定的模型参数进行估计之后重建立方差协方差矩阵（Σ），重建的方差协方差矩阵与观察方差协方差矩阵（S）相匹配的程度决定了结构方程模型拟合样本数据的程度。在评鉴模型拟合度之前，先进行“违犯估计”检查，以检验估计系数是否超出了可接受的范围。一个结构方程模型拟合结果的好坏主要通过以下几个指标来反应，具体指标及其判断标准如表 5－1 所示。

表 5－1　结构方程模型评价标准

指标	判断标准
绝对拟合度指标	
χ^2/df（卡方/自由度）	1～3
P 值	$P > 0.05$
GFI（拟合优度指标）	越接近 1 越好，通常 $GFI > 0.9$
RMR（均方根残差）	越接近 0 越好，通常 $RMR < 0.05$
RMSEA（近似误差均方根估计）	越接近 0 越好，通常 $RMSEA < 0.1$
增值拟合度指标	
AGFI（调整自由度）	越接近 1 越好，通常 $AGFI > 0.9$
NFI（基准化适合度）	越接近 1 越好
CFI（比较适合度）	越接近 1 越好
IFI（增量适合度）	越接近 1 越好

资料来源：上述评判标准根据荣泰生（2009）、吴明隆（2010）的研究整理所得。

模型的总体拟合程度有许多测量标准。最常用的拟合指标是拟合优度的卡方检验，要求样本量在 100～200。χ^2/df（卡方/自由度）比例在 1～3 的模型拟合效果，除此之外，我们也可以通过观测其他指标：当P值大于0.05，拟合度较好；拟合优度指标（GFI）越接近1越好，通常GFI>0.9；均方根残差（RMR）越接近0越好，通常RMR<0.05；近似误差均方根估计（RMSEA）越接近0越好，通常RMSEA<0.1。增值拟合度指标调整自由度（AGFI）越接近1越好，通常AGFI>0.9；基准化适合度（NFI）越接近1越好；比较适合度（CFI）越接近1越好，类似的，增量适合度（IFI）越接近1越好，当接近0的时候，意味着模型对数据的完美拟合。

在实际建模过程中，很难实现全部满足上述条件的拟合结果，一般而言，χ^2/df、P值、RMR和NFI达到评判标准区间即可认为该模型接近最优（程奎，2011）。

（4）模型修正。通过对模型增列或删除某些参数来进行模型界定就是模型修正。模型修正过程能够使模型得到更佳或者更简约的适配，同时模型在解释时能够更合理、更真实。

在所建立的模型中，若拟合度不佳，则必须加以修正，以得到一个最佳模型，这个模型应当是合理的、明确的、可完整解释的。这里修正的目的在于模型适配度的改善，可以通过增加测量残差间的相关性，也可以增加其他潜在变量对指标变量的影响路径来实现模型的修正。尝试性初始模型有时不能较好地拟合观测数据，我们就需要及时了解初始模型的缺陷，尝试是否能得到其他替换模型。通过修正得到拟合更好的模型，最后用同一观测数据来检验修正之后的模型。具体而言，可以改变其测量模型，增加新的结构参数，或设定某些误差项等改进一个拟合不好的模型。模型修正的具体步骤一般先处理内在序列误差，如遗漏了模型变量中的重要参数，或者加上了本来不重要的参数。

5.4 林木生物质产业链演化影响因素体系构建

5.4.1 迈克尔·波特“钻石模型”理论

1990年，哈佛大学教授迈克尔·波特提出了“钻石理论”。该理论表示，一个国家在某一产业方面所具有的国际竞争力主要取决于以下四个主要环境因素，具体包括如下几方面：

（1）生产要素。包括自然禀赋和人为创造要素，如人力资源、天然资源、知识资源、资本资源、基础设施等。

（2）需求条件。包括本国的需求结构、规模、成长率、高级购买者压力及需求的国际化，需求是产业发展的原动力。企业及时发现国内市场的客户需求，所以波特认为全球性的竞争并没有减少国内市场的客户需求，国内市场具有明显的竞争优势。同时扩大国内需求有利于提高产品的质量与服务水平，以及形成规模经济，以及提升全球竞争力。

（3）企业战略、结构与竞争状态。包括企业的形成过程、企业的组织管理形式、同行业其他企业的竞争状况以及企业的创新力。在来自本地竞争者的压力或市场的推力下，有助于企业具有走向全国，以及具备国际化竞争的动力。创造与持续产业竞争优势的最大关联因素是国内市场强有力的竞争对手。在竞争中，成功的产业必然先经过国内市场的搏斗，迫使其进行改进和创新，海外市场则是竞争力的延伸。国内市场的高度竞争会迫使企业改进技术和进行创新，从而有利于整个行业的持续发展。

（4）相关和支持产业。一般来说，一个产业在成为优势产业的过程中一定伴随着其上游供给产业和下游销售产业的支持，还包括其他相关产业的竞争优势，这是一种“产业集群”的表现。

此外，波特钻石模型还包括机遇和政府两个辅助变量。在上述“4 +2”要素的影响和加强下，优势产业凸显。四个关键要素的相互作用与配合才能提高企业的竞争力，即当四个部分和两个辅助变量的共同存在下才能有效地影响和促进竞争力的提高（强静波，2013）。目前国内学者应用波特钻石模型进行影响因素分析的研究比比皆是，在波特钻石模型分析框架下，翁克瑞（2004）通过对农产品国际竞争力的影响因素进行分析与检验来确定主要影响因素，并讨论这些因素的作用方式及其原因。郭永亮（2004）运用波特的钻石模型理论着重分析上海市如何在全国众多的地区性汽车生产中心获得竞争优势，并且研究中国汽车产业的内外部环境和条件。同样地，也可以借用到林木生物质能源产业的分析上来。张华丽（2010）根据波特钻石模型的分析框架，从生产要素、需求、相关支撑性产业、企业、机遇、政府六个方面对哈尔滨城市旅游现状进行分析。最终得出哈尔滨具备发展旅游的资源比较优势，提出要进一步采取措施，使资源优势转化为产业优势。苏硕军等（2012）基于波特钻石模型，从要素条件、国内市场需求状况等六个方面分析中国种子国际竞争力的影响因素，提出促进中国种业国际竞争力的思路。虽然钻石模型一般用于分析国家层面的产业竞争力，但是，该模型所传递出来的理论中心思想，可用作林木生物质能源产业链的构建指南，以及进行相关的分析研究的标准。图5－3展示了波特钻石模型的大体框架：

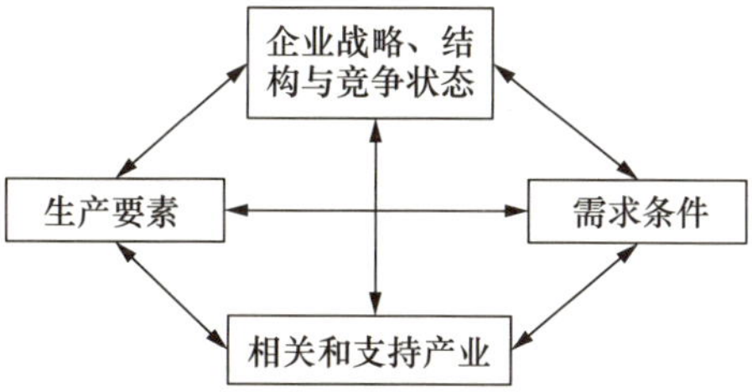

图5－3 波特钻石模型

5.4.2 LBCT测度模型概述

任何产业的成长与兴盛都是从一点一滴的形成到逐渐发展壮大的过程，并且在每一个产业阶段都会有在该阶段对应的产业表现形式。产业链作为产业载体，是资源加工深度、产业关联程度、产业层次、满足需求程度等产业发展路径的表达。据此，杨加猛（2009）提出了基于LBCT四维演变的林业产业链测度模型。从林木生物质能源产业链的演化过程可以看出，其发展也是这样一种“点—线—面—立体”转变的过程（见图5－4）。

首先，林木生物质能源产业链从某个或者某几个技术水平相对较高、主导性较明确的产业节点开始，随着它们的发展壮大，越来越多的节点随之出现，环环相扣纵向扩张，这就是林木生物质能源产业链长度（Length）的延伸。林木生物质能源产业的链条越长，表明产品深加工程度及增值程度越高，且其长短主要受到技术水平、市场需求、企业利润及环境状况等的影响。林木生物质能源产业链

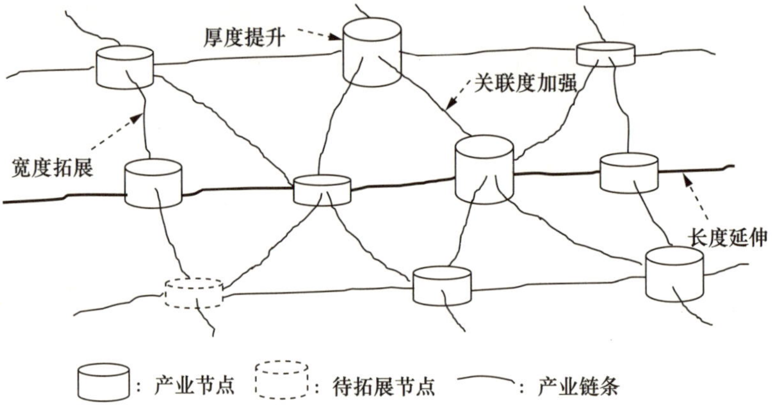

图 5－4 林木生物质能源产业链拓展示意

长度的延伸，如苗木培育—能源林种植—压榨生物柴油—提炼甘油、脂肪酸—其他增值产品—生态循环利用等，至此产业由点向面转变，并形成产业带。

产业带聚集了原料、半成品、产成品、劳动力等资源，一般来说这些资源的类型和层次都不相同，在这种情况下，促使产业环节向更多的、更新的领域发展，由此进入横向集成发展阶段。因此，可以用产业链的宽度（Breadth）来衡量产业中各环节所涉及的领域数量和范畴。产业链宽度的延伸也有一定的限制范围，太宽或太窄都会对产业链扩展度和产业经营管理造成不同程度的影响，从而阻碍产业发展。林木生物质能源产业链宽度的扩展体现在生产生物柴油同时衍生出的润滑油、高级食用油、日化产品等；压榨柴油后产生的饼粕和果壳用于肥料、饲料加工等方面，并由此带动了关联产业的发展。

随着产业链在“面”上的拓宽和延伸，作为产业拓展主体的企业，其新产品领域和原有主导产品领域的关联性（Correlativity），将对这些新产品领域的发展速度和发展质量起到决定性的作用。这样就形成了集资金、信息、技术、产品、劳动力等要素为一体的产业链网络。由于现阶段林木生物质能源产业仍较薄弱，产业关联尚未明确。因此，文中所探讨的产业链扩展暂不包括其关联度。

在点、线、面都发展完全的基础上，产业发展的终极目标是要实现其硬实力和软实力的全面综合提高，这一过程的关键之处就在于产业链网上各个节点的实力，它的良好发展有利于产业链网从“单薄”转向“雄厚”。因此，可以用产业链的厚度（Thickness）来评价林木生物质能源产业链的综合实力。综上，通过长度、宽度、关联度和厚度的四维拓展，就形成了林木生物能源全面立体的产业链体系。

5.4.3　综合分析体系构建

结合上述模型理论，本书从产业链长度、宽度、厚度和关联度四个方面，结合产业链内、链外两个角度构建林木生物质产业链影响因素综合分析体系（见图5－5）。

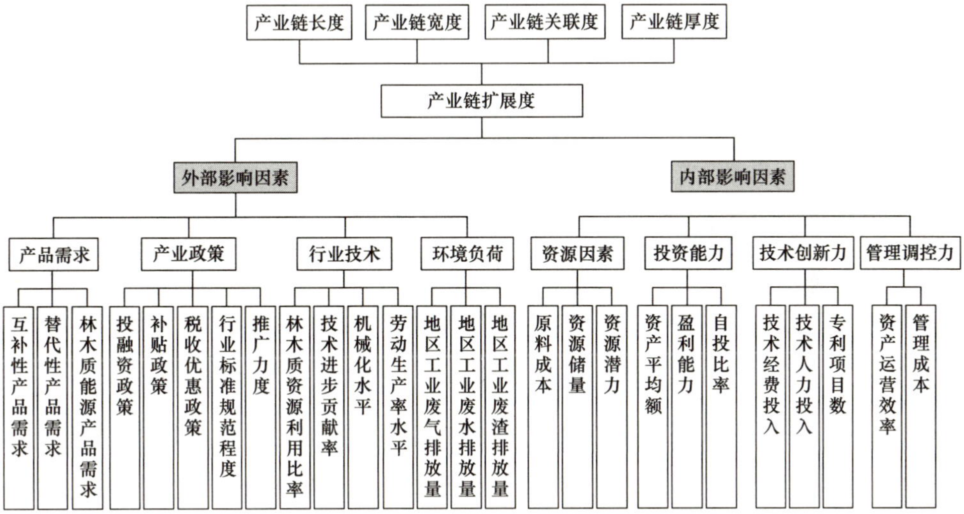

图5－5　林木生物质能源产业链演化影响因素体系

外部影响主要来源于产品需求、产业政策、行业技术、环境负荷四个方面。

（1）产品需求。产品需求是指全社会对产品的需求，它具有一定的数量限制，是一种有支付能力的需求，主要与人们的商品购买力有关。产品需要具有可变性、多样性、社会性、层次性等特性。产品需求来自林木生物质能源产品、替代性产品、互补性产品等的需求。林木生物质能源产品需求是指人们对生物柴油、燃料乙醇和纤维素乙醇，以及用于发电和生产成型燃料等的需求。在清洁能源发展的黄金时代，能够间接映射出林木生物质能源产业较大的发展前景，且未来对林木生物质能源的需求可能会大幅提升。替代性产品需求本意是指对于在使用价值上可以相互替代的，满足人们需要的两种不同的商品或者劳务的需求。这里是指石油、煤、天然气等传统化石能源的需求。互补性产品需求是指对存在某种消费依存关系的两种商品中的一种的需求。一般而言，在林木生物质能源产业链中，如果居民对生物质燃料锅炉需求增加，那自然增加对生物质成型颗粒燃料的需求。

（2）产业政策。产业政策是指为了实现一定的经济和社会目标，政府对产业的形成和发展进行干预各种政策的综合。因为市场存在缺陷，无法完全有效地配置资源，为了保护某些、弱、幼小的产业，政府不得不对某些产业进行干预。我国林木生物质能源产业发展的软硬件设施与环境都需要进行改善，加之技术并不完全成熟，所以政府制定的产业政策在其产业链的整个形成与发展阶段都起着不可替代的作用。具体而言，产业政策集中在投融资政策、补贴政策、税收优惠政策，行业标准规范程度，推广力度等方面。投融资政策一般是指地方政策性投融资，其根据中央和地方事权划分，由地方政府创立、参股或保证，旨在贯彻地方政府经济社会发展的政策或意图，不以营利为主要目的的投融资活动。投融资政策按照行为主体不同分为投资政策和融资政策。由于林木生物质能源产业具有较强的地域性特征，政府制定投融资政策显得更为重要。补贴政策是指为保护特定的产业及地区经济，政府提供的各种形式的财政和地方补贴。补贴政策也是一种国家协调经济运行和社会各方面利益分配关系的经济杠杆及宏观调控的手段。这对发展林木生物质能源产业链之初，保障林木生物质能源企业的生存有着重要的作用。税收优惠政策是指对特定纳税人和征税对象给予一定的税收照顾的政策。在本书中税收优惠政策是指免除林木生物质能源产业链上下游企业的全部或者部分税款，从而减轻企业的税收负担。通过税收优惠政策，扶持生产林木生物质能源的企业，支持使用林木生物质能源等清洁能源的企业，从而促进林木生物质能源产业结构的调整和社会经济的协调发展。行业标准规范程度是指由国务院有关行政主管部门制定，报国务院标准化行政主管部门备案的全国某个行业范围内统一的标准的完善程度。一般在产业兴起之初，行业标准规范程度较低，随着产业越成熟，行业规范越完善，便能逐步提升产业链的效率。推广力度是指把自己的产品、服务、技术、文化、事迹等通过报纸、杂志、广播、电视、网络广告让更多的人和组织机构等了解的一种宣传力度。本书指的是林木生物质能源将自身的优势，比如利用效率高、清洁等，通过各种媒介让更多的人知道并了解。

（3）行业技术。每个行业当前存在能带来经济效益的科学知识都被定义为行业技术。林木生物质能源行业技术则是指应用在其产业链中用以制造生物质能源的系统知识。具体而言，行业技术包括林木生物质资源利用水平、技术进步贡献率、机械化水平、劳动生产力水平等层面。资源利用水平是指对资源的利用程度。林木生物质资源利用水平的提高能够推动可再生能源领域技术进步和先进技术的推广，加强可再生能源行业与政府部门的沟通，促进国际交流，加强企业间的联系。技术进步贡献率广义上是指技术进步对经济增长的贡献份额，这个指标反映了技术在经济增长中起到的作用，并可以看到投资、劳动和科技三大要素作用的相对关系。它是衡量区域科技竞争实力和科技转化为现实生产力的综合性指标。机械化水平是指生产中使用机器设备作业的数量占总作业量的百分数，一般按作业项目分别计算。在林木生物质能源产业链中涉及使用机器设备的环节相对较多。劳动生产力是具有劳动能力的人和生产资料相结合而形成的改造自然的能力。劳动生产力水平则是指改造自然能力的大小，一般来说，劳动生产力水平越高，越能推动行业技术的进步并提升效率。

（4）环境负荷。在生产过程中向环境排放的废弃物（气态、固态和液态之和）多少以及耗用的资源和能源的多少的综合值称为环境负荷。向环境排放的废弃物具体是指地区工业废气排放量、地区工业废水排放量及地区工业废渣排放量，而对企业在厂区内燃料燃烧和生产工艺过程中产生的含有污染物的气体总量称为工业废气排放量，对企业在厂区内所有排放口排到企业外部的工业废水量称为工业废水排放量。具体包括外排的直接冷却水、生产废水、超标排放的矿井地下水和与工业废水混排的厂区生活污水等。地区工业废渣排放量则指企业厂区生产过程中排入环境的各种废渣。在林木生物质产业发展的过程中也不可避免地向环境排放废气物，所以本书考虑环境负荷这个外部影响因素。

内部影响因素主要来自资源因素、投资能力、技术创新力、管理调控力这四个方面。

（1）资源因素。资源要素是指一个产业的基本生产要素状况，包括人力资源、知识资源、资本资源、天然资源等。资源要素细分为三个方面，原料成本、资源储量和资源潜力。原料成本是指企业购入林木剩余物的过程中所实际发生的全部支出，包括支付林木剩余物本身的买价和购入过程中的运输费、保险费、装卸费等。资源储量是指客观存在的资源的数量，本书是指林木生物质。资源潜力主要是指区域资源系统优化组合后在预期时间内可开发的价值和前景。探究林木生物质能源产业的价值与前景离不开对资源潜力的分析。

（2）投资能力。投资能力与企业收益能力是结合在一起的，是指企业利用目前所拥有的资源以及发行债券或股票后所具有的经营投入能力。投资能力可以从资产平均额、营利能力和自投比率三个指标进行探讨。资产平均额是指林木生物质产业链中的企业在某个时期里资产总额期初数与期末数的平均值。即平均资产总额 =（计算时间初期资产总额 + 后期资产总额）÷2。营利能力又称为企业的资金或资本增值能力，是指企业在一定时期内获取利润的能力。营利能力与利润率联系密切，一般来讲利润率越高，营利能力越强。通过对企业营利能力的分析，能达到对公司利润率深层次的分析。营利能力是指标主要包括营业利润率、成本费用利润率、盈余现金保障倍数、总资产报酬率、净资产收益率和资本收益率六项。自投比率是指企业投入在研究开发、技术改造、固定资产等方面的支出与本年营业收入的比率，在一定程度上可以体现企业的发展潜力。

（3）技术创新力。技术创新力是指企业等在林木生物质能源产业领域具备创新的综合实力。具体包括科研人员的专业知识水平、知识结构、研发经验、研发经历、科研设备、经济势力、创新精神七个主要因素。在林木生物质能源产业链中我们重点分析技术经费投入、技术人员投入及专利项目数三个指标。技术经费投入即企业研发费用，又称为技术开发费，是指企业在产品、技术、材料、工艺、标准的研究、开发过程中发生的各项费用。技术人员投入是指为安装成套设备，聘用专门的技术人员所发生的费用。包括需支付的技术指导费用、津贴费、差旅费。专利项目数则是指在规定的一段时间内企业所拥有的发明创造的增加数目。

（4）管理调控力。管理调控力是指林木生物质能源企业的宏观调控能力，包括企业管理成本和资产运营效率。企业管理成本是根据企业整体发展战略指定的，以企业的全局为对象的成本管理。在不同的战略选择下组织成本管理，从而对公司成本结构、成本行为进行全面了解、控制与改善，以此寻求长久的竞争优势。资产运营效率能反映企业的管理调控力，也是衡量企业投资价值的指标。它是指企业运用有限的资产在不断周转过程中获取更多的营业收入的能力。资产运营效率越高，表示资产周转速度越快，所以对于加快资产运营的周转速度的企业会在等量资金下创造更多的价值。

5.5　变量分析及研究假设

5.5.1　产业链扩展度变量

由于本章是针对林木生物质能源产业链的演化驱动因素的研究，因此将产业链拓展度作为结构方程的自变量。具体包括如下：

（1）长度。产业链长度是指在某产业链条上不同类型企业数量的多少（耿玉德，2000），在本书中体现为企业产业链上的节点数。由于产业链是资源加工深度的表达，所以产业链条越长，表明加工可以达到的深度越深，但这并不意味着越长越好，其长短仍取决于市场需求、企业技术水平、企业利润以及环境保护情况。

（2）宽度。产业链宽度是指在某产业链条上同一产业节点的企业数量，该指标从总量上反映了林业产业链的宽度拓展情况，在本书中体现为产业链上产品种类数量。产业链的宽度在一定程度上反映了产业链上节点企业间的联系，因此，为避免增加产业链的复杂程度，任何一个产业链网都应该有限定的扩张范围，太宽或者太窄都不利于产业的发展。

（3）关联度。产业链关联度用于表达产业链上同一链条中上下企业节点的关联程度，也表示产业链条之间的关联程度。因此，根据本书的研究对象，选取新拓展产品投入的变化率与能源产品产量的变化率的比值作为关联度测度指标，其中新扩展产品变化表明产业链条间的关联，能源产品变化表明能源产业链条内部的关联。鉴于目前所处阶段相关数据获取困难，因此，在本书中暂不进行具体讨论和量化分析。

（4）厚度。厚度体现的是产业链某环节的综合实力。在本书中体现为节点企业的产出实力，用企业某年的产值与当年全国林木生物质能源产业（调研企业总和）产值的比值表示。

5.5.2 外部因素变量

5.5.2.1 产业需求

在市场经济条件下，产业的运行必须建立在一定的市场需求基础上，与此同时，市场需求的大小更是产业成长的强力助推剂，其变化直接影响着产业系统的演化（芮明杰和刘明宇，2006）。市场需求决定着产品的价值实现，对于产业链的发展有着直接的影响。贺蕾（2011）提出拉动中国苹果汁产业发展的动力主要源自国际市场需求，侧面说明了市场需求对整个苹果汁产业的推动作用，并提出相应的应对方案和措施来引导中国苹果汁产业的理性发展。基于市场需求与产业发展的分析，林木生物质能源企业也会为了追求更高的产品附加值而进行产业链延伸。例如，利用能源树种加工生产香精香料、日化产品等。此外，一个产业的发展道路上必然伴随着竞争与阻碍。林木生物质能源产业作为能源产业的新生军，它的发展必将会受到石油、煤炭、天然气等传统能源产业，以及风能、太阳能、生物质能源等新能源产业的影响，所以林木生物质能源产品的市场需求会受到其替代性产业产品市场需求的影响，同样也会受到其互补性产业产品需求的影响，如增加对林木生物质燃料锅炉的需求，自然也会增加对林木生物质燃料的需求。据此，本书提出如下假设：

假设1：林木生物质能源互补性产业产品的市场需求增加越快，其产业链扩展度越高。

假设2：林木生物质能源替代性产业产品的市场需求增加越快，其产业链扩展度越低。

假设3：林木生物质能源产品市场需求增加越快，其产业链扩展度越高。

5.5.2.2 产业政策

产业政策的制定是政府为了实现社会资源的优化配置，以促使整个产业保持健康稳定发展的一种手段。在现代社会经济的发展过程中，政府制定相关产业政策会直接影响产业的发展状况，并且在一定程度上起到产业主导作用，进而随着产业的发展孕育出新的产业链。何周蓉等（2014）在农村沼气产业链内涵的基础上，提出加强相关的政策支持，有利于农村沼气产业链模式优化，这也说明产业政策对于某个产业的重要性。周昌仕等（2016）通过对广西牡蛎产业政策层面进行分析，研究出地区牡蛎产业的发展策略，分析出政府应出台相应公共政策来实现牡蛎产业的可持续发展。程燕和李先德（2014）得出法国以农业补贴为重点的惠农政策、全方位的农业社会化服务和欧盟的共同农业政策及日本对大麦种植农户的各种补贴政策，打造了它们的啤酒大麦产业链，并提出中国加大对大麦产业的科技支持，建立完善的大麦支持政策体系，从政策层面反映出产业的发展离不开政策的支持。陈朝霞（2015）在讨论中国动漫产业投融资模式中专门提到动漫产业的融资规模及其力度决定着动漫产业的发展速度与质量。魏敬周和刘维忠（2014）提出，国产棉不具备竞争优势时，政府应通过补贴政策影响棉农、轧花厂和棉纺企业三个产业链环节的利益分配，并保证棉花产业链各个环节的利润，进而实现棉花产业链上棉农、轧花厂和棉纺企业的良性发展。赵予新等（2012）提出，加大对小麦产业链的税收优惠来改善河南优质小麦的种植与发展。作为一种新兴产业，林木生物质能源产业的发展势必与政策的规范、引导和支持密不可分。政府制定优惠政策、营造良好的投资环境等能够大大促进生产要素的自由流动，也有利于更多的企业进入林木生物质能源行业。政府对林木生物质能源企业投融资支持力度越高，就越会促进该地区产业的发展。此外，政策为企业攻克产业发展中的瓶颈提供更有力的支持，比如增大对企业的补贴力度，加大对企业的税收优惠，这些都有助于企业迅速在社会中、市场中得到支持，从而有利于产业链的发展。据此，本书提出如下假设：

假设4：国家对于林木生物质能源企业的投融资支持力度越高，其产业链扩展度越高。

假设5：国家对于林木生物质能源企业的补贴力度越大，其产业链扩展度越高。

假设6：国家对于林木生物质能源企业的税收优惠力度越大，其产业链扩展度越高。

假设7：林木生物质能源行业标准规范程度越高，其产业链扩展度越高。

假设8：国家对于林木生物质能源产品的推广力度越大，其产业链扩展度越高。

5.5.2.3 行业技术

产业技术进步是推动产业升级和产业链动态调整的直接动力（游振华和李艳军，2011）。行业的技术进步能力大小会影响产业组织模式的变化，也会促使产业链进行纵向延伸和横向扩张，从而引致市场需求和供给容量的增减与兴衰变化，实现技术推动作用。辜禄荣等（2007）提出，提高资源利用效率能够加强江西新型材料产业在江西经济中的支柱地位。孔迪（2009）提到高端技术的作用越来越明显，科技进步对经济增长的贡献率越来越高。黄丹枫（2012）在分析叶菜类蔬菜生产机械化现状和存在问题的基础上，结合国际蔬菜生产装备先进经验，提出若想发展蔬菜生产产业链，必须加大对生产机械装备和技术的发展。刘银萍（2014）通过对海宁市水稻现状的研究，提出机械化生产水平低等问题制约了水稻产业的发展，说明机械化水平对行业发展有较大影响。刘晓敏（2014）通过实证分析专用设备制造业的产值促进了煤炭行业劳动生产率的提高，间接说明机械化水平促进了行业发展。从林木生物质能源产业发展来看，技术进步贡献率能够从总体上反映出科技进步为林木生物质能源产业带来的经济增长，而资源利用比率、机械化水平、全员劳动生产率则从不同角度反映了技术进步对产业发展的贡献。据此，本书提出如下假设：

假设9：林木生物质资源利用的比率越高，其产业链扩展度越高。

假设10：林木生物质能源产业技术进步贡献率越高，产业链扩展度越高。

假设11：林木生物制能源产业的机械化水平越高，产业链扩展度越高。

假设12：林木生物质能源产业的全员劳动生产率水平越高，产业链扩展度越高。

5.5.2.4 环境负荷

煤炭、石油等传统能源产业及其下游产业，如火电、煤化工、汽车等产业的发展所造成的环境污染已经威胁到了人类的生存环境。李彩红（2007）认为，化工行业废气、废水、废渣排放量大，是一个资源密集型的高耗能、高污染产业，废水、废气、废渣的排放增大了环境负荷。李兰兰等（2012）认为，随着煤炭资源的不断开采，由此产生的生态环境问题也将日趋严重，优化煤炭产业链成了当下急需考虑的问题，这也给了其他的清洁能源发展的机会。王炜亮（2007）也提到我国石化行业在产业结构方面资源问题突出，环境污染严重，所以当前着手开展旨在提高资源生产率和污染排放最小化的生态链优化设计，并研究开发石化行业生产过程中具有代表性的节能、节水、降低物料消耗和废弃物排放的共性关键技术。众多研究表明传统能源行业对生态环境的破坏越来越大，而林木生物质能源属于清洁可再生能源，它对于环境的贡献不容小觑，每 1 亿吨林区剩余物转为生物质燃料，将实现 0.6 亿吨标煤的化石燃料替代，减排二氧化碳 1.8 亿吨，因此林木生物质能源的推广会对环境产生正面影响。地区工业废气排放量，工业废气排放量及工业废渣排放量都会造成环境负荷。因此，地区的环境负荷越大，就越有利于林木生物质能源替代传统电力、燃料等环境污染源，在该地区更快的发展。据此，本书提出如下假设。

假设 13：地区工业废气排放量越高，环境负荷越大，林木质能源产业链扩展度越高。

假设 14：地区工业废水排放量越高，环境负荷越大，林木质能源产业链扩展度越高。

假设 15：地区工业废渣排放量越高，环境负荷越大，林木质能源产业链扩展度越高。

5.5.3　内部因素变量

5.5.3.1　资源因素

造成产业聚集度低的最主要原因是资源禀赋的空间分布不均（马国霞等，2007），所以，资源因素对于产业的发展至关重要。原料资源是林木生物质能源产业链形成的最基础的要素，包括先天拥有的自然资源、地理位置、气候条件、普通工人等要素，其特点是天赋的，决定了该产业未来的扩张能力，直接影响其产业链的扩展。李奇伟等（2004）通过分析能源甘蔗生产燃料乙醇，指出原料成本越低，越能提高燃料乙醇的生产，并延长产业链，因此得出发展能源甘蔗生产燃料乙醇是解决能源紧缺的极佳的办法。刘春等（2013）通过调查安徽硫铁矿资源丰富、分布相对集中的现状，提出应利用本地区的优势，建立综合开发利用循环产业链，从而实现资源、环境和经济的协调可持续发展。何海洲等（2014）通过统计分析广西铝土矿资源储量，总结出高达 94.91% 的资源储量占比对于提高伴生矿产及尾矿综合利用水平，大力发展铝精深加工产品产业链有重大影响。杜娟（2014）专门分析我国内蒙古自治区中西部和山西北部等地区依托高铝煤炭资源，有助于实现高铝煤炭资源价值最大化。项义军和厉佳佳（2014）在黑龙江省与俄罗斯农业跨境产业链发展研究中提到充分利用黑龙江省的产业优势和地缘优势，在政策因素、资源因素、价值因素的驱动下，优化跨境农业投资合作环境，能够加快与俄罗斯农业跨境产业链建设步伐。所以从许多产业中都能够看出资源因素对该产业发展的重要作用。资源的原料成本、资源的储量及资源潜力都是资源因素的一部分，很有可能对林木生物质能源产业链产生影响。资源储量是林木生物质能源产业链持续稳定的动力源泉，也决定了该产业未来发展的潜力。同样地，原料成本与资源储量能在一定程度上反映企业资源潜力程度。据此，本书提出如下假设。

假设16：企业原料成本越高，资源基础越差，林木质能源产业链扩展度越低。

假设17：企业资源储量越大，资源基础越好，林木质能源产业链扩展度越高。

假设18：企业资源潜力越大，资源基础越好，林木质能源产业链扩展度越高。

5.5.3.2　投资能力

产业在形成发展过程中所表现出的动态演化现象其实是产业主动改进自身组织行为的一种形式，在这过程中会受到投资的巨大驱动作用（盛昭翰和蒋德鹏，2002）。投资和发展是很难分开进行单独讨论的两个概念，投资是增强林木生物质能源产业发展的支撑力。企业的资产平均额、营利能力及自投比率在不同角度反映了企业的投资潜力。杨春芳（2012）通过对不锈钢企业扩大规模或者兼并重组提高集中度来提高营利能力，同样的营利能力反过来也作用于各类不锈钢企业行业的长期发展。周佩霞和盛虎（2016）通过举例叙述天舟文化公司对营利能力很强的网络游戏领域投资，则实现了企业收入和利润的大幅增长，同时提升了该企业自身的营利能力。据此，本书提出如下假设。

假设19：企业资产平均额越高，投资能力越强，林木质能源产业链扩展度越高。

假设20：企业营利能力越强，投资能力越强，林木质能源产业链扩展度越高。

假设21：企业自投比例越大，投资能力越强，林木质能源产业链扩展度越高。

5.5.3.3 技术创新力

根据熊彼特的创新理论，“创新”一词是指科学技术上的发明创造，更深层次的理解是一种新的企业生产能力。王志宏和何志强（2003）根据矿区的产业特征和我国矿区目前出现的问题，以鲁尔矿区和兖州矿业集团为例，实证分析了技术创新和产业链延伸对提升矿区经济可持续发展的巨大作用。檀勤良等（2015）从解决垂直整合下风电产业链利益分配不均问题出发，综合考虑风险和技术创新因素的利益分配体系，有利于激励风电企业增强风险意识、加快产业技术创新，且具有一定的实用价值。贺正楚等（2015）提到新材料产业发展的关键在于产业技术创新。对于林木生物质能源这种新兴产业来说，企业技术创新更是其产业发展的一种强有力的助推剂。企业技术创新力可以从企业技术经费投入、企业技术人力投入及企业专利项目数量几个方面体现。据此，本书提出如下假设。

假设22：企业技术经费投入越高，技术创新能力越强，林木质能源产业链扩展度越高。

假设23：企业技术人力投入越高，技术创新能力越强，林木质能源产业链扩展度越高。

假设24：企业专利项目数量越多，技术创新能力越强，林木质能源产业链扩展度越高。

5.5.3.4 管理调控力

管理调控能力是体现企业能力的关键，郭强等（2009）认为管理活动是管理成本的直接影响因素，进而对数字图书馆进行管理绩效评估，这对产业和行业有一定的影响。吕萍和罗海燕（2012）认为，管理调控能力在产业链管理中被广泛应用。李军亮和李俊国（2015）则觉得企业需要使用科学的方法来控制整个施工过程，在保证质量的前提下，尽量加快进度、降低成本，提升自身的竞争力，满足社会的要求，即对管理调控力给予一定的肯定。从企业演化理论的角度来看，林木生物质能源企业的管理调控力在一定程度上对林木生物质能源产业链的扩张边界起到决定性作用。具体而言，企业资产运用效率与企业管理成本在一定程度上影响着管理调控力。据此，本书提出如下假设：

假设25：企业资产运用效率越高，管理调控力越强，林木质能源产业链扩展度越高。

假设26：企业管理成本越高，管理调控力越弱，林木质能源产业链扩展度越低。

5.6 研究对象及数据获取

本书的数据由项目组通过2013～2014年对福建省、广西壮族自治区、云南省、湖北省和内蒙古自治区5个省、自治区共19家企业所做的问卷调查获得。问卷内容包括：企业基本信息、原料获取、原料产销、生产设备及专利技术、税收补贴、延伸产品、能源林基地建设、能源林生产经营、投入产出、环境影响、其他信息等。样本企业分布于我国东南地区、南部地区、西南地区、中部地区和北部地区，涵盖了林木生物质成型燃料、林木生物质发电、林木生物质柴油和林木生物质燃料乙醇四种企业类型，基本能够反映我国的林木生物质能源产业情况。本书调研企业名单目录如表5-2所示。

表5-2　调研企业名录

序号	企业名称	序号	企业名称
01	兴捷能源科技有限公司	07	福建源华林业生物科技有限公司
02	广西桂邦生物能源有限公司	08	福建将乐永盛生物燃料有限公司
03	广西农垦明阳生化集团股份有限公司	09	福建万芳生态农林科技有限公司
04	北流凯迪电厂	10	福建柯利达香料香精有限公司
05	横县华能木糠加工厂	11	国能赤峰生物质发电有限公司
06	柳州新森能源技术有限公司	12	金骄集团

续表

序号	企业名称	序号	企业名称
13	奈曼旗鑫宸林木质发电有限公司	17	昆明电研新能源科技开发有限公司
14	国能通辽生物质发电有限公司	18	云南腾众新能源科技有限公司
15	内蒙古沃德生物质科技有限公司	19	云南神宇新能源有限公司双柏生物柴油加工厂
16	武汉凯迪电力有限公司		

5.6.1　外部因素数据获取

外部驱动力的数据统一通过设计李克特五级量表的问卷形式获得，共发放企业员工问卷 289 份，其中有效收回的问卷有 265 份，有效回收率为 92%，符合一般结构方程模型样本量的要求。在取得样本数据后，用 SPSS 进行了简单的数据预处理，根据正态分布检验结果显示，本书中所选取的观察变量值都呈偏态分布，但同时其偏度系数和峰度系数的绝对值均小于 1，因此可以认为近似正态分布也满足 SEM 的要求。

5.6.2　内部因素数据获取

内部驱动力的数据通过深入调查访问企业各部门负责人的形式获得，发放企业问卷 19 份，涉及每个企业 2009 ~ 2013 年连续 4 年的数据，共计取得 76 个样本量。虽然 SEM 的分析以大样本数为佳，但较新的统计检验方法允许 SEM 模型的估计可以少于 60 个观察值（Tabachnick and Fidell，2007），若研究中的变量数据符合正态分布或者椭圆分布，则平均每个观察变量取 5 个样本就足够了（Bentler and Chou，1987；吴瑞林，2011）。因此，针对本书内部驱动力变量中选取的 14 个观察变量，内部驱动力所获样本量已经足够了，且在用 SPSS 对数据进行标准化处理后，基本满足了 SEM 的要求。

5.7　结构方程模型结果分析

根据林木生物质能源产业链的形成与拓展过程以及影响其产业链扩展的外部

动力要素分析，整理得出林木生物质能源产业链扩展度外部影响因素测度，如表 5 -3 所示。

表 5 -3 林木生物质能源产业链扩展度外部影响因素测度

潜变量	观察变量	符号	潜变量	观察变量	符号
产业链扩展度	长度	EXP1	产业政策	投融资政策	POL1
	宽度	EXP2		补贴政策	POL2
	厚度	EXP3		税收优惠政策	POL3
产业需求	互补性产品需求	DEM1		行业标准规范程度	POL4
	替代性产品需求	DEM2		推广力度	POL5
	林木质能源产品需求	DEM3	行业技术	林木质资源利用比率	TEC1
环境负荷	地区工业废气排放量	EL1		技术进步贡献率	TEC2
	地区工业废水排放量	EL2		机械化水平	TEC3
	地区工业废渣排放量	EL3		劳动生产率水平	TEC4

5.7.1 外部因素模型结果分析

5.7.1.1 问卷信度检验

样本的总体 Cronbach's α 值为 0.917，表明所设计量表数据的内部一致性非常理想。其中，产业链扩展度的 α 系数为 0.659，介于 0.6 ~0.7，产业需求、产业政策、行业技术和环境负荷的 α 系数分别为 0.843、0.926、0.716、0.732，均大于 0.7，可以认为该样本具有较好的一致性和可靠性（见表 5 -4）。

表 5 -4 量表可信度汇总

类别	Cronbach's α 值	项数
问卷整体	0.917	18
产业链扩展度	0.659	3
产业需求	0.843	3
产业政策	0.926	5

续表

类别	Cronbach's α 值	项数
行业技术	0.716	4
环境负荷	0.732	3

5.7.1.2　问卷效度检验

从表5-5可以看出，KMO与Bartlett检验结果KMO值为0.882（>0.8），且P值为0（<0.001），说明适合做因子分析，且可作为模型假设研究的验证。

表5-5　KMO与Bartlett检验

项目		检验值
取样足够度的 Kaiser-Meyer-Olkin 度量		0.882
Bartlett 检验	近似卡方	1570.808
	df	153
	Sig.	0.000

从表5-6可以看出，18个观察变量经主成分分析得出5个因子，且累计方差贡献率为68.916%，由此我们可认为，这5个公因子在解释变量的信息方面比较理想。

表5-6　解释的总方差

成分	初始特征值			提取平方和载入			旋转平方和载入		
	合计	方差	累计/%	合计	方差	累计/%	合计	方差	累计/%
1	7.119	39.551	39.551	7.119	39.551	39.551	4.880	27.110	27.110
2	1.671	9.284	48.835	1.671	9.284	48.835	2.567	14.263	41.373
3	1.379	7.662	56.497	1.379	7.662	56.497	2.306	12.812	54.184
4	1.139	6.326	62.823	1.139	6.326	62.823	1.326	7.369	61.554
5	1.097	6.093	68.916	1.097	6.093	68.916	1.325	7.363	68.916
6	0.858	4.767	73.684						

续表

成分	初始特征值			提取平方和载入			旋转平方和载入		
	合计	方差	累计/%	合计	方差	累计/%	合计	方差	累计/%
7	0.759	4.216	77.900						
8	0.625	3.475	81.375						
9	0.575	3.192	84.567						
10	0.517	2.873	87.440						
11	0.433	2.407	89.847						
12	0.383	2.126	91.973						
13	0.348	1.934	93.907						
14	0.332	1.844	95.751						
15	0.303	1.682	97.433						
16	0.189	1.051	98.484						
17	0.164	0.911	99.394						
18	0.109	0.606	100.000						

注：提取方法为主成分分析。

由表5-7可知，旋转成分矩阵后的公因子成分分配情况与变量分析结果一致。因此，本书样本数据的信度和效度检验结果均较好，可支持后续结构方程模型研究。

表5-7　旋转后的因子载荷矩阵

	成分				
	1	2	3	4	5
CE1	0.187	0.787	0.123	0.110	-0.072
CE2	0.255	0.806	0.102	-0.081	0.094
CE3	0.328	0.617	0.164	0.107	-0.136
DEM1	0.329	0.425	0.136	0.027	0.504
DEM2	0.417	0.292	0.233	-0.151	0.511
DEM3	0.420	0.311	0.252	-0.035	0.546
POL1	0.833	0.284	0.134	-0.055	0.017
POL2	0.888	0.183	0.066	-0.146	0.113

续表

	成分				
	1	2	3	4	5
POL3	0.827	0.206	0.103	-0.137	0.090
POL4	0.804	0.217	0.139	0.098	-0.115
POL5	0.821	0.173	0.175	0.008	-0.018
TEC1	0.330	0.388	0.559	-0.102	0.148
TEC2	0.017	0.208	0.810	-0.148	0.243
TEC3	0.173	0.037	0.775	0.086	-0.344
TEC4	0.449	0.111	0.608	0.343	-0.077
EL1	0.021	0.081	0.220	0.763	0.164
EL2	0.006	-0.110	-0.086	0.753	0.227
EL3	-0.172	0.006	-0.200	0.654	0.024

注：提取方法为主成分分析。

5.7.1.3 模型结果分析

图 5-6 为标准化后的外部驱动力结构方程模型路径图。运用 AMOS17.0 软件进行模型拟合，得到该模型的拟合参数如表 5-8 所示。该模型是根据修正指标 M.I. 值进行判断修正，增加产业需求与行业技术、环境负荷、产业政策的共变关系后得到的拟合结果。这种共变关系是可以被解释的，作为新型清洁能源产业，林木生物质能源产业的需求越大，替代传统化石能源的可能性就越大，对环境保护越有利；反之环境负荷越大，对清洁能源产业的隐性需求也就越大。林木生物质能源产业的需求越大，越能促进行业技术的快速发展，越需要政策的大力推动；反之需求越小，意味着行业技术在一定程度上的薄弱也反映出政策力度不够等问题。

表 5-8 模型拟合度检验结果

指标	绝对拟合度指标				增值拟合度指标			
	χ^2/df	GFI	RMR	RMSEA	AGFI	NFI	CFI	IFI
模型	2.62	0.87	0.03	0.08	0.93	0.90	0.92	0.91
标准	1~3	>0.9	<0.05	<0.1	>0.9	>0.9	>0.9	>0.9

注：上述拟合判断标准根据荣泰生（2009）的研究整理所得。

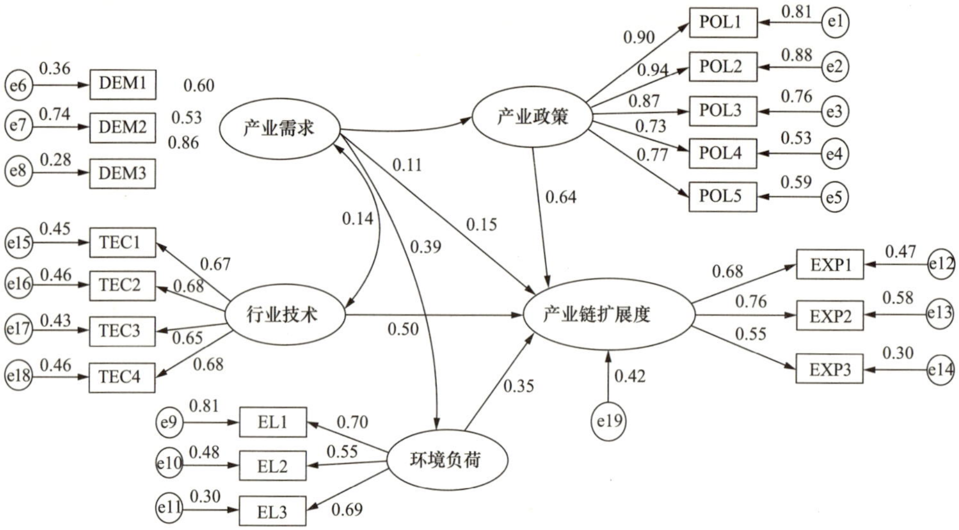

图 5－6　林木生物质能源产业链外部影响因素结构方程路径

根据拟合结果，GFI 为 0.86（<0.9），不满意但尚可接受，模型的其他绝对拟合度指标值和增值拟合度指标值均在可接受的范围内，这说明该结构方程模型拟合程度良好，构建的模型较为科学合理。

根据 AMOS 验证结果，各变量标准负荷系数均显著（见表 5－9）。因此，产业需求、产业政策、行业技术和环境负荷四个因素都是影响林木生物质能源产业链扩展度的外在动力源，且这四条关键路径的标准化系数估计值均为正数，说明变量之间存在显著的正相关关系。综合结果表明，前文所提出的研究假设中，除假设 2 之外的其他假设都得到了相应的验证。根据结构方程模型结果可以得到如下结论。

表 5－9　结构方程模型路径系数

变量关系	标准化路径系数	T 值	P 值
产业链扩展度←产业政策	0.641	2.663	***
产业链扩展度←产业需求	0.150	2.848	***
产业链扩展度←行业技术	0.503	3.908	***
产业链扩展度←环境负荷	0.351	3.041	0.002**

续表

变量关系	标准化路径系数	T值	P值
POL1←产业政策	0.903	17.632	***
POL2←产业政策	0.937	18.767	***
POL3←产业政策	0.869	15.985	***
POL4←产业政策	0.734	10.947	***
POL5←产业政策	0.770	12.121	***
DEM1←产业需求	0.604	10.989	***
DEM2←产业需求	0.525	9.288	***
DEM3←产业需求	0.857	9.568	***
EL1←环境负荷	0.702	6.339	***
EL2←环境负荷	0.552	5.989	***
EL3←环境负荷	0.691	6.037	***
EXP1←产业链扩展度	0.681	4.443	***
EXP2←产业链扩展度	0.759	4.331	***
EXP3←产业链扩展度	0.553	3.893	***
TEC1←行业技术	0.672	5.082	***
TEC2←行业技术	0.681	5.514	***
TEC3←行业技术	0.647	5.420	***
TEC4←行业技术	0.682	5.389	***

注：***表示在0.001水平下显著，**表示在0.01水平下显著。

（1）林木生物质能源产业链的发展受到了产业需求、产业政策、行业技术和环境负荷四个外部驱动力的共同影响，这些要素在不同程度上有效地推动了产业链的扩展，其重要程度排列为：产业政策（0.64）>行业技术（0.50）>环境负荷（0.35）>产业需求（0.15）。

（2）根据路径系数可知，产业政策因素对林木生物质能源产业链扩展具有显著的正向影响。其中政府补贴投入对产业政策的影响系数最大为0.94，意味着能源补贴的贡献最大，也说明了当前企业进入林木生物质能源行业以及林木生物质能源企业的发展需要倚仗于政府对原料和产品的补贴，同时也从侧面反映了现阶段林木生物质能源产业的弱小。

（3）产业需求对林木生物质能源产业链影响的路径系数仅为0.15，表示产业需求变化1时，产业链扩展度变化0.15，说明现阶段我国林木生物质能源产业的市场需求虽然对产业发展起到了一定的作用，但还远远没有达到预期需求推动产业演化的效果，需求的拉动作用还没有显现出来，究其原因，可能是因为当前产业处于起步阶段，企业的资金流动和技术还不足以对市场做出迅速反应。此外，假设2没有通过验证，石化、太阳能等替代性产业产品的市场需求变化对林木生物质能源产业链扩展度的影响不显著，还没有成为林木生物质能源产业链扩展的现实约束，林木生物质能源的替代性还很薄弱。

（4）行业技术对林木生物质能源产业链的扩展度影响较大，说明技术水平对于一个新兴产业发展的重要性。技术作为产业链发展的催化剂，能够加速产业链的延伸和拓展。因此，林木生物质能源产业链未来的拓展还需要大力发展相关技术，通过提高能源林种植、采集、能源产品和其他增值产品的加工技术等来实现。

（5）环境负荷对林木生物质能源产业链影响的路径系数为0.35，虽然影响力不算大，但是足以说明环境问题已经受到社会的关注，并且随着近年来各地区“限煤令”等相关环境政策的颁布与实施，发展清洁能源以替代高耗能、高污染的化石能源也逐渐得到政府和企业的重视，体现了林木生物质产业的特殊性。

5.7.2 内部因素模型结果分析

根据林木生物质能源产业链的形成与拓展过程以及影响其产业链扩展的内部动力要素分析，整理得出林木生物质能源产业链扩展度内部影响因素测度，如表5-10所示。

表5-10 林木生物质能源产业链扩展度内部影响因素测度

潜变量	观察变量	符号	潜变量	观察变量	符号
产业链扩展度	长度	EXP1	技术创新力	技术经费投入	INN1
	宽度	EXP2		技术人力投入	INN2
	厚度	EXP3		专利项目数	INN3

续表

潜变量	观察变量	符号	潜变量	观察变量	符号
资源因素	原料成本	RES1	管理调控力	资产运营效率	MAN1
	资源储量	RES2		管理成本	MAN2
	资源潜力	RES3			
投资能力	资产平均额	INV1			
	盈利能力	INV2			
	自投比率	INV3			

图 5－7 为标准化后的内部影响因素结构方程模型路径图。因为企业在经营管理过程中的各环节、各部分都是息息相关的，所以预先构建的模型中已包括各驱动力变量之间的共变关系。

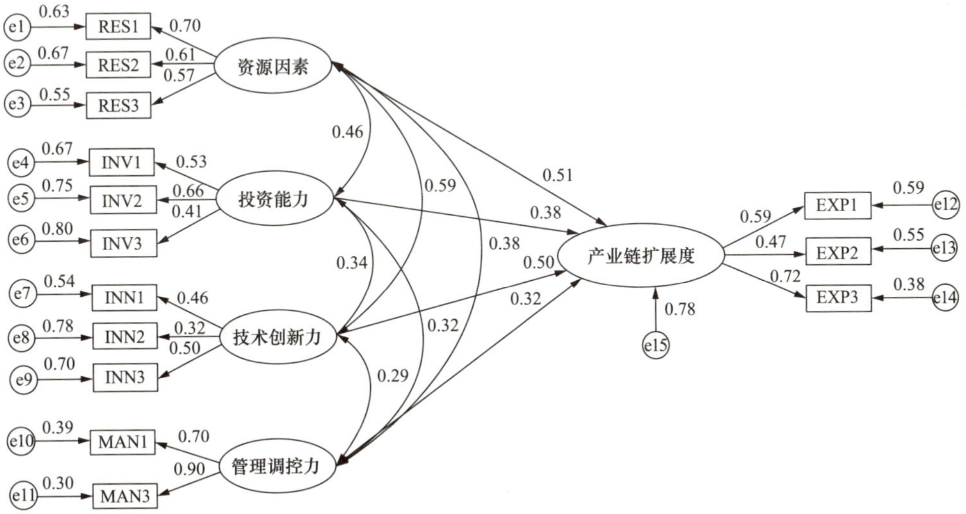

图 5－7　林木生物质能源产业链内部影响因素结构方程路径

运用 AMOS17.0 软件进行模型拟合，得到该模型的拟合参数如表 5－11 所示。

表 5-11 模型拟合效果分析

指标	绝对拟合度指标				增值拟合度指标			
	χ^2/df	GFI	RMR	RMSEA	AGFI	NFI	CFI	IFI
模型	3.07	0.93	0.04	0.09	0.88	0.90	0.96	0.94
标准	1~3	>0.9	<0.05	<0.1	>0.9	>0.9	>0.9	>0.9

注：上述拟合判断标准根据荣泰生（2009）的研究整理所得。

根据前文对结构方程模型拟合度的评价标准，尽管模型中 χ^2/df、AGFI 值不在标准区间内，但是差距甚微，且其他指标均显示拟合良好，因此予以接受，不再修正。

根据 AMOS 验证结果，除管理调控力以外，各变量的标准负荷系数均显著，且与产业链扩展度变量之间存在显著的正相关关系（见表 5-12）。因此，资源因素、投资能力、技术创新力是影响林木生物质能源产业链扩展度的内在动力源。综合结果表明，前文所提出的研究假设中，假设 16、假设 25、假设 26 未被验证，其他假设都得到了相应的验证。根据结构方程模型结果，可以得到如下结论。

表 5-12 结构方程模型路径系数

变量关系	标准化路径系数	T 值	P 值
产业链扩展度←资源因素	0.513	6.569	***
产业链扩展度←投资能力	0.376	5.000	***
产业链扩展度←技术创新力	0.504	4.841	***
产业链扩展度←管理调控力	0.319	1.848	0.065
RES1←资源因素	0.704	1.452	0.043
RES2←资源因素	0.612	5.635	***
RES3←资源因素	0.570	6.464	***
INV1←投资能力	0.528	4.349	***
INV2←投资能力	0.657	3.525	***
INV3←投资能力	0.411	3.647	***
INN1←技术创新力	0.462	5.174	***
INN2←技术创新力	0.324	4.418	***

续表

变量关系	标准化路径系数	T 值	P 值
INN3←技术创新力	0.493	5.560	***
MAN1←管理调控力	0.695	3.415	***
MAN2←管理调控力	0.901	3.696	***
EXP1←产业链扩展度	0.590	4.742	***
EXP2←产业链扩展度	0.474	5.245	***
EXP3←产业链扩展度	0.721	4.246	***

注：*** 表示在 0.001 水平下显著，** 表示在 0.01 水平下显著。

（1）林木生物质能源产业链的发展受到资源因素、投资能力、行业技术和技术创新力的共同影响，这些要素在不同程度上有效地推动了产业链的扩展，其重要程度排列为：资源因素（0.51）>技术创新力（0.50）>投资能力（0.38）。

（2）资源因素对林木生物质能源产业链影响的路径系数为 0.51，且具有显著的影响。其中，原料储量、资源潜力与产业链扩展度呈显著正相关关系，但原料成本与产业链扩展度关系不显著，这一方面说明当前林木生物质能源产业的原料获取模式已经基本成型，但仍采用粗放的收集和存储方式；另一方面也可能是国家政策补贴削弱了成本的影响。

（3）技术创新力、投资能力对林木生物质能源产业链影响的路径系数分别为 0.50 和 0.38，且均与其呈显著的正相关关系，这表明投资和技术在林木生物质能源企业生产经营中的重要地位，即在该产业链形成初期，大量的投资和新技术的研发正在促进产业的迅速扩张，且对产业链的扩展起到关键性作用。

（4）管理调控能力与林木生物质能源产业链扩展度影响不显著，可能的原因是该产业发展水平较低，在其他因素矛盾突出的前提下，企业的管理机制尚不足以影响产业链的扩展。

5.8 本章小结

本章借助 LBCT 模型和波特组钻石理论，从链外和链内两个层次，以及长度、宽度、厚度三个维度，构建影响因素指标体系，通过对影响因素的逐一分析，探究各个因素的作用方式及途径。用产业链的长度、宽度、厚度来衡量林木生物质能源产业链的演化程度。以演化程度为因变量，影响因素为自变量，借助结构方程模型，利用调研数据做实证分析，测度各因素对我国林木生物质能源产业链发展的影响程度。结果显示除管理调控力以外，资源因素、投资能力、技术创新力是影响林木生物质能源产业链扩展度的内在动力源。产业需求、产业政策、行业技术和环境负荷四个因素是影响林木生物质能源产业链扩展度的外在动力源，总而言之，林木生物质能源产业链的扩展受到需求、政策、行业技术、环境、资源、投资、企业技术创新能力等内外驱动力的共同影响。

第6章　林木生物质能源产业链关键路径选择

基于对林木生物质成型燃料、林木生物质发电、林木生物质柴油和林木生物质燃料乙醇四大林木生物质能源产品的产业链现有模式分析可知，当前各类模式的发展水平并不一致，且未来的可扩展范围也有不同，目前林木生物质能源企业大都以经营能源附属产品为主，能源产品销售量小，尚处在生命周期的导入期到成长期的阶段。在市场经济自由竞争环境的作用下，林木生物质能源的产业链系统网络中必然有一条产业链或者几条产业链在整个产业发展中起着重要的支撑作用，即关键路径。本章将运用复杂网络和关键路径法的思想，以投入产出确定产业链边权，构建产业成长的关键路径识别模型，旨在为制定提高林木生物质产业发展能力和加快产业化进程速度的策略提供参考。具体而言，分析了复杂网络理论下的产业链关键路径选择思路，包括产业链网络结构、边权的确定及关键路径的搜寻规则，通过实例研究，分析得出林木生物质能源产业链不同路径的产业效率。

6.1　复杂网络理论下的产业链关键路径选择思路

复杂网络是具有海量的节点和复杂连接结构的网络模型。网络中各个组成部分通过直接关系和间接关系往来，完成由部分到整体的跨越（谭鹏，2016）。在现实世界中，有很多系统都可以看作复杂网络。例如，互联网可以看作是一种复杂网络，其路由器或网关为节点，相互连接作为边。绝大多数实际的复杂网络都具有以下几个基本特征：①网络行为的统计性；②节点动力学行为的复杂性；③网络连接的稀疏性；④连接结构的复杂性；⑤网络的时空演化复杂性（王云琴，2008）。

6.1.1 产业链网络结构

产业链网络是产业发展的一种形式，具体是指在产业发展过程中，产业自发或者人为地经过一定时期的发展，在一个特定的空间区域内，一类产业或者多类产业自身产业链的全方位延伸、发展或多类产业链相互融合、延伸、发展而网结成的类似现实生活中网络的产业集聚群落（段立赋，2012）。产业链网络是一个复杂网络组织，兼具集群和供应链组织双重特征。

产业链网络是一个可用复杂网络模型进行研究的实际存在的网络，其关系复杂，具有自组织、自适应性等特点。产业链网络实质上依据一定的技术经济关联，并依据特定的逻辑关系和时空布局关系客观形成的链条式关联关系形态。它是一个多维立体网络，各个关联产业在时间上顺序发展、有机衔接，空间上相互联系、相互渗透。从产品关联方面讲，产业链各节点企业之间实际上是投入与产出的关系，这些投入产出实际上形成一种物质流动；从技术关联方面讲，产业与产业之间相互依赖、相互促进；从市场关联方面讲，某个产业既是一个产业的上游产业，同时又是另一个产业的下游产业，市场通过彼此之间的联系和渗透，形成一种纷繁复杂的市场纽带。总之，我们把这种多维的产业关联关系称为产业网。

产业链网络分为垂直网络和水平网络两种。其中，垂直网络通过分解工序，同时主导因素为产品价值链，从而使企业专注于某一环节的工作，更多企业围绕产品的生产销售，构成专业化分工合作的上下互动的网络生产体系。例如，在热电和成型燃料等多项联产中，林木生物质发电产业链中各环节的企业便构成了垂直网络中的一部分，林木生物质成型燃料作为林木生物质发电产业链中的一环，可以直接销售，也能提供给发电企业发电，发电所产生的电能可进一步供热、供气，废弃物如灰渣可作为化肥还田，这种联产使综合热效率达到95%以上，正是每一条产业链上各个企业的专业化分工合作，才更有利于林木生物质能源产业链的持续发展。水平网络一般以竞争企业、相关企业等关联，以共享资源为纽带形成竞争—互补的网络生产体系。例如，产业链网络中的每一路径都是水平网络的体现，林木生物质成型燃料企业与生产燃料乙醇、生物柴油企业就属于水平网络关系，在获取林木生物质生产原料这个环节上，各个生产林木生物质能源的企业产生竞争，这也是水平网络生产体系的特点；另外，生产相同或者相似的林木生物质能源或非能源产品的企业也属于水平网络中的一部分。由于处在相同产业内这个客观条件下，各个企业的生产具有相似性，因此即使是互补企业之间或多或少地也存在竞争关系，于是形成了竞争—互补的产业组织关系。冯云廷（2009）认为，资源型产业转型成功的标志是产业链网络的形成。基于市场合约关系产业转型主体的利益互动和选择是产业链网络衍生的内在动力。产业链网络是复杂的，它由垂直网络和水平网络交互形成。一方面，复杂产业链网络在企业间形成竞争合作互动为主导的关联，具体来讲包括生产要素的共享、互补、上下游企业及相关产业的支持；另一方面，产业链网络在一个产业内部形成价值链分工合作为主导的关联。

6.1.2 产业链网中边权的确定

边权的确定依赖于分析复杂网络结构图，将产业网中每一产业部门理解为复杂网络图中的节点，将产业网中任意两个产业部门之间的加工与被加工、投入与被投入等关系理解为复杂网络图的连边，即产业链网中的边权。

边权的定义较为通俗，为了刻画节点之间相互作用强度的差异，给每条边赋予相应的值，那么该值就称为这条边的边权（穆军芬，2012）。边权代表个体间相互作用的强度，依据研究的对象不同，边权的赋予方式也不同。它既有现实存在的物理权重，也有抽象权重。当实际研究问题较为简单时，相关物理变量可以直接看成边权。但是对于一些复杂的社会关系网络，便需要利用两节点间相互作用关系的某些属性转化为权重。

产业平面网络图中权与产业链网中产业部门的关联关系一一对应。实际上，产业链网络中各个部门存在诸多关系，从这些关系中找出一个最为本质的关系是一个值得深入研究和探讨的问题。产业网中产业部门之间关系十分直观地表现为一种原料与产品的投入产出关系，即诸多产业部门之间的技术经济关联关系，体现为一种投入产出比关系，其可以看作产业部门之间经济合理性与技术可行性的有机结合。因此，本书将权理解为产业部门之间的影响力系数。

投入产出分析又称为“部门均衡”法，是一种经济数量方法，其主要研究经济系统内部各个部分间投入与产出的相互依存、相互影响的关系（崔书香，1990）。投入产出理论被广泛运用于研究和分析各种经济问题，包括能源产业的分析。具体而言，投入产出理论中投入指的是产业链中任何一个部门在产品生产过程中所消耗的原材料、燃料、动力、固定资产等；产出则指的是从事经济活动中生产的产品。投入与产出使各个产业的生产活动相互关联起来，每个产业在影响其他产业的同时，也被影响于其他产业。本书把一个产业影响其他产业的程度称为影响力，而对这种影响因素量化的度称作影响力系数（张文彬，2012）。

6.1.3 产业链关键路径的搜寻规则

鉴于现实中数据获取的难易状况，在本书中拟将产业平面网络图中的边权确定为投入产出比。由于任意两个相连的产业部门之间存在一定的投入产出关系，则认为产业链中这两个产业部门至少有一条路径相接。某一产业部门初始投入另一产业部门的相对最终产出之间总有一条“最长”（取决于评判标准）路径，即关键路径。具体而言，关键路径是由一条关键路线上若干产业部门之间相互连接成的一条（或一条以上）链条。关键路径法（Critical Path Method，CPM）是一种肯定型的网络图计划方法，也是一种基于数学计算的项目计划管理方法，根据绘制方法的不同分为前导图（Precedence Diagramming Method，PDM）和箭线图（Arrow Diagram Method，ADM）两种。本书认为，林木生物质能源产业链上诸多产业部门之间的技术经济关联关系，体现为一种投入产出关系，而这种投入产出关系能刻画彼此之间相互作用强度的差异，所以把产业平面网络图中的边权确定为投入产出比，并且将“关键路径”理解为边权最大化。在产业链网络中，连边表示一个区域产业产品的转化过程，所以边数多、步长长从产品转换的角度来看意味着产品的加工深度较深，产业链较长，并不意味着效率较低、路径较劣。因此，本书以边权最大化原则作为产业链关键路径搜寻的基本原则，基于不同的产业网络边权的赋值，得到相应的产业链各节点之间的最佳路径，由此为产业链的优化提供理论支持。具体搜寻规则如下：

第一步：确定产业链中需要搜寻的源产业部门 m，从源节点 m 出发，扫描所有边权，将边权最大的邻居节点设为下次扫描的源节点。

第二步：累积排除前次扫描的源节点，重复第二步，直到去除历次扫描源节点后，当前节点与任意剩余节点不存在连边，搜寻完成。

6.2　林木生物质能源产业链关键路径的选择

6.2.1　林木生物质能源产业链网络结构

按照前文所述复杂网络法的思想，应该将林木生物质能源产业网中每一部门理解为产业网络图中的一个节点。林木生物质能源产业生产原料主要以林木剩余物和木本油料植物为主，本书将生物质能源生产原料环节看作是林木生物质能源产业网络结构的源部门，简称生产原料。根据产业部门之间的相对稳定关联关系绘制成林木生物质能源产业平面网络图，继而依此为过渡将对产业网的分析深入对其内部有限条产业链的关注。一个完整清晰的产业网有助于我们对于整个林木生物质产业链的直观观察，也有助于提高林木生物质能源产业链的竞争优势和持续发展的能力。参考图6－1的林木生物质能源产业链模式，以其中的产品链为梳理干线，得到如图6－1所示的产业链网络结构。

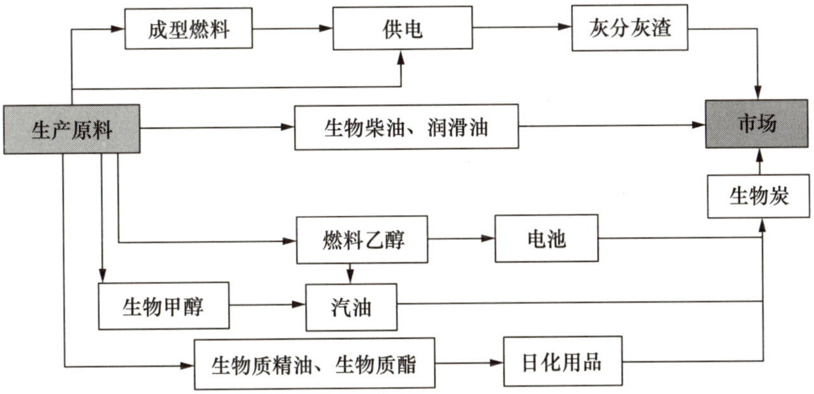

图6－1　林木生物质能源产业链网络结构

依据产品链将林木生物质能源产业链网络平面化后，其产业网中任意两个节点的连边即可以表示从一种产品形态到另一种产品形态过程中的加工与被加工、投入与被投入的关系，且根据前导图（PDM）绘制原则，每条路径均可实现从源部门生产原料到最终市场的完整过程。

根据生产产品所属类别不同，产业链路径可分为能源产品和非能源产品两条路径，本书将能源产品产业链路径用代码1标识，非能源产品产业链路径用代码2标识；其中，能源产品产业链路径又可分为固体燃料产业链路径和液体燃料产业链路径，分别用代码（1）和代码（2）标识。林木生物质能源产业链网络结构（见图6－1）清晰地描绘了这些产业链路径之间的联系：

在能源产品产业链路径1以及固体燃料产业链路径（1）下，将主产品为固体成型燃料的路径标识为①，将主产品为供电的路径标识为②。

生产原料—成型燃料—市场，此路径的标识为：1－(1)－①－a，有些企业仅生产成型燃料，直接将成型燃料出售给企业、居民等小型用户。成型燃料的生产工艺流程具体为：将森林采伐剩余物、木材加工剩余物、森林抚育剩余物、灌木平茬剩余物等林木生物质原料进行粉碎、干燥等预处理后，在一定的温度下施于某强度压力，通过专用的成型设备压缩使其成为一种固形物，并制成块状、颗粒状、棒状等不同形状的成型燃料。

生产原料—成型燃料—供电—市场，此路径的标识为：1－(1)－①－b，其在路径1－(1)－①－a的基础上，利用成型燃料作为直燃原料进行发电，并纳入国家电网。

生产原料—成型燃料—供电—灰分灰渣—市场，此路径的标识为：1－(1)－①－c，其在路径1－(1)－①－a和路径1－(1)－①－b的基础上，形成较为完整的林木生物质能源发电产业链，在生产成型燃料和供电之外，燃烧所产生的灰分灰渣属于草木灰系列，其钾含量较高，同时还含有丰富的营养成分如磷和钙等，经过一定加工可作为高效农业肥料销售到市场。

生产原料—供电—市场，此路径的标识为：1－(1)－②－a，利用森林采伐剩余物、木材加工剩余物、森林抚育剩余物、灌木平茬剩余物等林木生物质原料，经过一系列处理，通过直燃等方式将生物质能转化为电能，并纳入国家电网。

生产原料—供电—灰分灰渣—市场，此路径的标识为：1－(1)－②－b，其在路径1－(1)－②－a的基础上，增加了灰分灰渣环节，企业在发电过程中得到的灰分灰渣可作为肥料还田。

在能源产品产业链路径1以及液体燃料产业链路径（2）下，将主产品为生物柴油的路径标识为①，将主产品为燃料乙醇的路径标识为②，将主产品为生物甲醇的路径标识为③。

生产原料—生物柴油—市场，此路径的标识为：1－(2)－①－a，该路径是利用木本油料能源植物的剩余物，首先将木本油料进行脱水、除臭、净化处理置入反应釜，在反应釜中加入醇、催化剂与之产生化学反应，等待其沉淀分离之后，将醇回收，将沉淀物过滤之后得到生物柴油，最终通过出售生物柴油直接进入市场。

生产原料—燃料乙醇—市场，此路径标识为：1－(2)－②－a，林木生物质能源企业生产的燃料乙醇由生产原料不同分为两类：一类是淀粉质原料生产乙醇，主要经过蒸煮、液化、糖化、发酵、蒸馏、脱水等过程；另一类是木质纤维素乙醇，主要经过粉碎、混合、蒸煮、糖化、发酵、蒸馏、脱水等过程，生产所得到的燃料乙醇将直接出售到市场。

生产原料—燃料乙醇—电池—市场，此路径标识为：1－(2)－②－b，其在路径1－(2)－②－a的基础上，生产燃料乙醇后通过燃料乙醇制造产生电能的小型装置，即生物质乙醇电池，企业将所生产的电池销售到市场。

生产原料—燃料乙醇—电池—生物炭—市场，此路径标识为：1－(2)－②－c，其在路径1－(2)－②－b的基础上，将高温热裂解生成的生物炭加工之后作为生产链中的产品输出，使燃料乙醇产业链更加完整，在生产燃料乙醇和电池的基础上进一步产出生物炭，生物炭可作为高品质能源、土壤改良剂和肥料缓释载体等，因其用途广泛，所以具有较大的销售空间。

生产原料—燃料乙醇—汽油—市场，此路径标识为：1－(2)－②－d，该路径将经发酵、蒸馏制得的乙醇，脱水后再添加变性剂变性或者经过水解、酯化、氧化还原等反应后得到汽油，并销售给石油公司或科研机构等，这种汽油可以通过与石化汽油按照一定的比例混配成一种新型汽车燃料。

生产原料—燃料乙醇—汽油—生物炭—市场，此路径标识为：1－(2)－

②－e，其在路径1－(2)－②－d的基础上，把高温热裂解生成的生物炭加工成产品销往市场。

生产原料—生物甲醇—市场，此路径标识为：1－(2)－③－a，企业使用林木生物质生产原料，经过蒸煮、液化、糖化、发酵、蒸馏、脱水等过程生产得到生物甲醇，并通过销售到工业、餐饮业等各行业流入市场。

生产原料—生物甲醇—汽油—市场，此路径标识为：1－(2)－③－b，其在路径1－(2)－③－a的基础上，将经发酵、蒸馏提取的甲醇，经过酸催化水解后，再经过酯化、氧化还原等多种反应制得汽油，并销售给石化公司等。

生产原料—生物甲醇—汽油—生物炭—市场，此路径标识为：1－(2)－③－c，这是一条较为完整的生物甲醇液体燃料产业链路径，其在路径1－(2)－③－a和路径1－(2)－③－b的基础上，增加了生物炭环节，即除生产生物甲醇和汽油这两种液体燃料之外，还利用高温热裂解生成生物炭，生物炭作为高品质能源、土壤改良剂等在生产生活中有着广泛的应用。

在非能源产品产业链路径2下，由于生物质精油和生物质酯均属于具有香味的无色液体，因此不区分固体非能源产品和液体非能源产品。

生产原料—生物质精油、生物质酯—市场，此路径标识为：2－a，这是非能源产品产业链的一条基本路径，林木生物质企业可以直接利用林木生物质生产原料经过化学反应提炼加工得到生物质酯或者生物质精油，并直接将其销售到市场。

生产原料—生物质精油、生物质酯—日化用品—市场，此路径标识为：2－b，其在路径2－a的基础上扩展形成的一条新的非能源产品产业链路径，并将提炼得到的生物质精油和生物质酯，销售给大型化妆品公司或医药企业来继续生产日化用品，最终以一种新的产品形态流入市场。

生产原料—生物质精油、生物质酯—日化用品—生物炭—市场，此路径标识为：2－c，这条路径是一条更为完整的非能源产品产业链路径。其在路径2－a和路径2－b生产生物质精油、生物质酯和日化用品的基础上，利用生物质在缺氧或绝氧环境中经高温热裂解后生成生物炭，并将其销售到市场。

6.2.2 林木生物质能源产业链网络图的投入产出效率边权

基于关键路径法的指导思想可知，在产业链网络图的诸多路径中总会存在一条从某一产业部门初始投入另一产业部门的相对最终产出之间效率最高的、特殊的路径。这条路径就是关键路径法中提到的最优路径。基于以上分析，结合当前宏观数据获取难度大，且现实中林木生物质能源产业发展尚不成熟，本书拟将林木生物质能源产业平面网络图中的边权确定为投入产出比，作为其产业链效率值。结合已有研究成果，对产业链各节点之间的产业链效率进行数学上的定义。

假定一定时段内，林木生物质能源产业网有 n 个节点，X 为 Δt 时段内以货币表示的总投入；Y 为该时段内以货币表示的总产出；x_i、y_i 分别为产业节点 i 在该时段内以货币表示的投入和产出。则产业链上各节点企业投入之和，即为该时段内产业网的总投入，则有：$X = \sum_{1}^{n} x$；产业链上各节点企业产出之和，即为该时段内产业网的总产出，则有：$Y = \sum_{1}^{n} y_i$。假定 X、Y 是已经通过某种折算方法折算到某一时点的可比数值，则产业网的效率（Productive Efficiency，PE）：PE = Y/X，相应的各节点的产业效率为 $PE_i = y_i/x_i$，其中 $i = 1, 2, \cdots, n$。

6.2.3 研究对象及数据获取

本章所用数据是基于2013~2014年对福建省、广西壮族自治区、云南省、湖北省和内蒙古自治区5个省（区）共19家企业所做问卷调查获得（调研企业名录如表6-1所示）。企业样本囊括了分布在我国东南地区、南部地区、西南地区、中部地区和北部地区的林木生物质成型燃料、林木生物质发电、林木生物质柴油和林木生物质燃料乙醇4种企业类型，能够覆盖图6-1中的所有节点。鉴于需要制定网络图中产业效率边权考虑，从企业调查问卷中获取企业的能源林生产经营、原料获取、附属产品、主要能源产品产销等的投入产出相关信息。

表 6－1　调研企业产品名录

序号	企业名称	产品类别
01	兴捷能源科技有限公司	生物炭、颗粒燃料
02	广西桂邦生物能源有限公司	生物柴油、油莎豆食用油
03	广西农垦明阳生化集团股份有限公司	工业乙醇、食用乙醇、燃料乙醇
04	北流凯迪电厂	供电、灰渣
05	横县华能木糠加工厂	成型燃料、蒸汽
06	柳州新森能源技术有限公司	成型燃料、蒸汽、锅炉
07	福建源华林业生物科技有限公司	无患子能源林
08	福建将乐永盛生物燃料有限公司	生物质颗粒、碳棒
09	福建万芳生态农林科技有限公司	香精、生物质酯、日化用品
10	福建柯利达香料香精有限公司	
11	国能赤峰生物质发电有限公司	供电
12	金骄集团	生物柴油、燃料乙醇
13	奈曼旗鑫宸林木质发电有限公司	供电
14	国能通辽生物质发电有限公司	供电
15	内蒙古沃德生物质科技有限公司	成型燃料、锅炉
16	武汉凯迪电力有限公司	供电、生物柴油
17	昆明电研新能源科技开发有限公司	成型燃料、气化设备、蒸汽
18	云南腾众新能源科技有限公司	成型燃料、供热、供气
19	云南神宇新能源有限公司（双柏）	生物柴油、饲料

6.2.4　林木生物质能源产业效率分析

以表 6－1 中的 19 家企业调研数据为依据，计算同产品之间投入—产出的效率值，得到如图 6－2 所示的林木生物质能源产业效率。遵循边权最大化原则搜寻产业链关键路径。首先，从林木生物质能源产业链的源头生产原料节点出发，扫描所有边权，在此处经过比较发现与生物柴油相连接的边的产业效率值最大，即边权最大，并将其设为下次扫描的源节点。按照这种方式，累积排除前次扫描的源节点，重复第二步，直到去除历次扫描源节点后，当前节点与任意剩余节点不存在连边，搜寻完成。

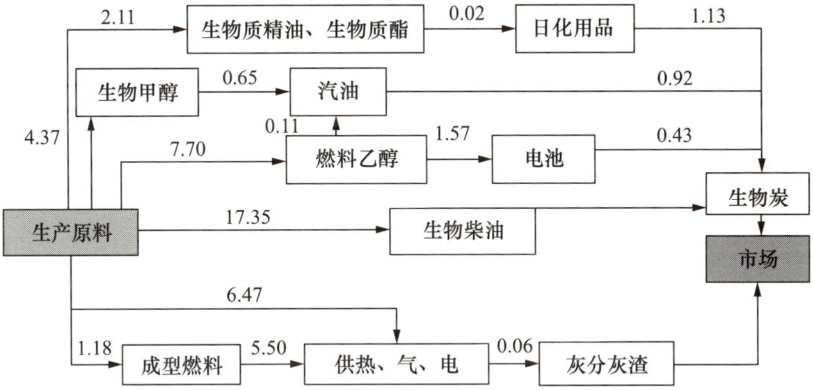

图 6－2　林木生物质能源产业效率

经过边权最大化搜寻，得到产业效率由大到小的较为完整的产业链依次为：路径 1－(2)－①－a（即生产原料—生物柴油—市场）、路径 1－(2)－②－c（即生产原料—燃料乙醇—电池—生物炭—市场）、路径 1－(2)－②－e（即生产原料—燃料乙醇—汽油—生物炭—市场）、路径 1－(1)－①－c（即生产原料—成型燃料—供电—灰分灰渣—市场）、路径 1－(1)－②－b（即生产原料—供电—灰分灰渣—市场）、路径 1－(2)－③－c（即生产原料—生物甲醇—汽油—生物炭—市场）、路径 2－c（即生产原料—生物质精油、生物质酯—日化用品—生物炭—市场）。

具体来讲，从林木生物质能源产业链的源头生产原料节点出发，扫描所有边权，比较发现，与生物柴油相连接的边权最大（17.35），即投入产出比最高，可以认为路径 1－(2)－①－a 的产业效率最高。边权第二的是与燃料乙醇相连的路径，边权为7.70，但经过燃料乙醇可看到两条分叉路径，明显与电池相连的路径边权大于与汽油相连的路径边权，因此路径 1－(2)－②－c 为效率第二的路径，而 1－(2)－②－e 为效率第三的路径。此外，与供电相连的路径，边权为 6.47，同时还有一条经过成型燃料与供电相连的路径，林木剩余物到成型燃料的投入产出比与成型燃料到供电的投入产出比之和为 6.68（1.18＋5.50），大于直接供电的边权 6.47，于是可以得到路径 1－(1)－①－c 的效率大于路径 1－(1)－②－b 的效率，从而可知效率第四和效率第五的路径。同样，效率第六的路径为路径

1－(2)－③－c，其第一环节与生物甲醇相连，边权为4.37。产业效率最低的是路径2－c，边权仅为2.11，产业链上的主要产品为生物质精油、生物质酯及日化用品。

6.2.5 林木生物质能源产业效率分析及建议

从林木生物质能源产业链关键路径分析得知：

（1）林木生物质柴油产业链路径的产业效率最高。究其原因在于柴油价格的走高，但当前在销售环节存在较大问题，大多企业并未进行生物柴油的真正销售，目前主要用来提供给科研单位、中石油等作为研究产品或者配置石化石油的添加物，在国内还未形成真正的市场。

目前，国内已建成的生物柴油项目有30多个，其中利用木本油料植物作为原料转化生物柴油的技术也在逐渐成熟，技术逐渐向世界先进水平看齐，但是由于柴油产业的产业链太短，品质方面存在欠缺，且实际生产过程中形成的副产品未能得到合适处理（闵恩泽，2005），这也在某种程度上限制了生物柴油的发展。另外，净生产端价格虽然较低，但当考虑到消费端及环境因素的综合价格时，林木生物质柴油的成本就大幅增加，导致生物柴油的价格缺乏市场竞争力。

（2）林木生物质液体燃料的边权整体大于林木生物质固体燃料的边权。林木生物质液体燃料产业相比于固体燃料产业有着更为广泛的产品延伸力，它能实现能源的直接替代，而且在其衍生品的制造过程中具有间接能源替代的作用。而现阶段，我国的林木生物质固体燃料企业多为自营的中小型企业，相对来讲集中利用率较低，无法实现大规模的机械化，未来这条产业链路径有着极大的可扩展空间。

（3）产品加工越深入，子产业链的产业效率越高。每条产业链均可进行延伸，将有利于产品的进一步深加工。整体而言，边数多、步长长便意味着产品的加工深度较深。例如，路径1－(1)－②－b与路径1－(1)－①－c相比，增加了一个生产成型燃料的环节，但整条路径的生产效率得到了提升。由此可以看出，产业链路径延伸得越长，产品加工深度越深，产业链路径的产业效率越高。

（4）能源产品产业链路径的产业效率高于非能源产品。从图6－2林木生物质能源产业链效率图中可以看到，产业效率排在前六的路径都是与能源产品相关的路径，这说明在当前的技术水平下，林木生物质能源产品的产业效率相对较高，而非能源产品的产业效率较低。随着我国经济社会的快速发展，对于能源的需求日益增加，无论从能源安全层面还是生态环保层面，大力发展可再生能源已经成为我国能源战略的重要内容，这也是实现能源可持续发展的必由之路，所以林木生物质能源产品相对于林木生物质非能源产品有着更广泛的市场需求，需求刺激技术的革新，使能源产品产业链路径的产业效率得到进一步的提升。

本章从产业链关键路径选择方面详细分析了林木生物质成型燃料、林木生物质发电、林木生物质柴油和林木生物质燃料乙醇四大林木生物质能源产品及林木生物质精油、生物质酯等非能源产品的产业链现有路径模式，认为林木生物质液体燃料产业链路径在总体上生产效率较高、可扩展范围较广，但当前发展较为缓慢，能源产品销售量较小。此外，当前林木生物质固体燃料产业链的产业效率虽然与液体燃料产业链相比较低，但是固体燃料产业发展相对较快。所以，根据上文对林木生物质产业链各条路径的分析给出如下建议：

（1）创造真正具有竞争力的生物柴油市场。林木生物质柴油产业链的产业效率最高给予行业更大的动力来创造真正具有竞争力的林木生物质柴油市场。当前生物柴油的品质不高，需要对生物柴油项目进行升级改造，进一步提升生物柴油产品质量，使其能够满足交通燃料品质的需要。另外，企业可以通过直接与农户签订长期合约来获得木本油料能源植物的剩余物，并形成稳定的交易与合作关系。从原料获取和技术改进两个方面来提升林木生物质柴油的竞争力。

（2）进一步提升林木生物质液体燃料的产业效率。在林木生物质液体燃料优势的基础上，进一步提升林木生物质液体燃料的产业效率。首先，要继续加强林木生物质液体燃料技术的研发，进一步扩大规模，降低成本，形成企业自身的竞争力；其次，加快林木生物质液体燃料技术创新，建设万吨级综合利用示范工程，推进林木生物质转化合成高质量航空用油和机电燃油；最后，合理利用林木生物质能源产业链上的副产品，在节约资源的同时，也避免了在生产过程中由于工艺设备条件等原因而产生的二次污染。

（3）政府制定相关政策，并加大扶持力度。对于林木生物质能源企业来讲，仅凭借企业自身力量难以兼顾环境效益和经济效益。林木生物质产业的投资回报率较低，投资风险大，因此需要政府制定相关鼓励政策以促进和推动林业生物质能源产业的规模化发展，政府的导向性政策对该产业的发展起到重要作用。

（4）实施多样化的市场运作模式。为更好地发展林木生物质能源产业，除通过补贴、税收、财政等手段加以鼓励和扶持之外，还应通过多样化的市场运作模式来吸收国内外的资金、人才和技术等，全方位、多视角地促进林木生物质能源产业的良性发展。

（5）采用一体化经营模式发展林木生物质能源产业。图6－2虽然按照能源与非能源产品区分了各个产业链路径，但是这并不代表企业只能生产一条产业链上的产品。企业可以采用一体化经营模式发展林木生物质产业，如生产生物甲醇、生物柴油和生物乙醇的同时，增加热电联产系统和环境综合处理系统，并通过各个系统之间的相互作用，形成一个更加经济、环保、可持续的大循环。未来采用一体化经营模式发展生物质能产业对于林木生物质能源产业链的发展有着极大的推动作用。

（6）加大林木生物质上、中、下游企业之间的关联。加大林木生物质上、中、下游企业之间的关联能使产业链网络更加完整。企业之间的专业化分工与紧密合作有利于技术的研发突破及产品的推广。在使企业成本最小化的同时，也减少了产业中冗杂的重复工序。

6.3 本章小结

本章基于复杂网络和关键路径法理论，借助投入产出效率制定产业链网络图的边权效率，依据边权最大化原则从产业链网络中搜寻林木生物质能源产业发展的关键路径。结果显示：林木生物质能源产业的产业效率最大的发展路径为林木生物质柴油这一路径，即路径1－（2）－①－a，次关键路径为燃料乙醇，即路径1－（2）－②－c；林木生物质液体燃料的产业效率整体大于林木生物质固体燃料的产业效率；林木生物质产业链上产品加工越深入，则该条产业链的产业效率越高；目前发展较为完备的成型燃料产业路径的产业效率虽不是最高，但依然比非能源产品等延伸产品要高。最后，本章通过对林木生物质能源产业链关键路径的分析提出适当的建议。

第7章　林木生物质能源产业链战略环节选择

目前，我国林木生物质能源产业仍处于初步发展阶段，产业发展面临着原料供应不稳定、生产技术有待提高、产品销售困难等问题。而林木生物质能源产业链中的战略环节对整个产业链的形成和发展起主导作用，它的发展状态决定着整个产业的发展状态。因此，要使林木生物质能源产业得到更好的发展，关键在于如何利用科学合理的方法确定其产业链的战略环节。

7.1　产业链战略环节的内涵与特征

7.1.1　产业链战略环节的内涵

战略表明的是一种目标、一种意图，而战略分析从本质上来说是要在竞争的环境中寻求利益的最大化。如今各类市场的竞争都相当激烈，一个产业要想在这样的市场环境中脱颖而出，达到提高经济收益的目的，就要从这个产业的产业价值链角度出发，对整个产业进行战略分析，增强产业的核心竞争优势。在进行战略分析时，首先要了解产业链的各个环节，确定每个环节在产业链中的作用和地位，从而找出产业链中直接影响甚至带动其他环节同步发展的主导环节，也就是产业链的战略环节。战略环节是整个链条中最强大的环节，它的发展直接影响到整个产业链的发展。找到产业链战略环节后必须充分利用其主导作用，并使其贯穿于整个产业链中，才能使产业链的价值作用全面充分地发挥出来，从而制定出有效的战略管理。因此，找出战略环节是进行战略分析的关键（陈抒，2013）。

产业价值链在市场竞争环境下的具体含义是指一种由于竞争而形成的客观存在的相互关系。要充分发挥产业价值链的积极作用，关键在于如何挖掘出这种客观存在的关系，明确产业链中的各个环节在整条产业链中的地位和作用，进而使产业的发展顺应这种相互关系，最终形成产业总体发展战略，使产业在与其他产业竞争时取得胜利。这里的战略环节与上文所说的战略环节含义相同，它与其他环节的关联度相对较高且对其他环节的影响较大，是整个产业链的主导环节，能控制产业链的核心竞争力（张铁男和罗晓梅，2005）。

7.1.2 产业链战略环节的特征

作为产业链的关键环节，战略环节具有明显的区别于其他环节的特征。具体来说，产业链的战略环节具有以下五个特点：强单向带动性、高盈利性、强增值性、可变性及不唯一性。

（1）强单向带动性。强单向带动性是产业链战略环节最主要的特点，是指战略环节与产业链中的其他环节有很强的关联性，并且对其他环节的影响力较大，可以带动其他各环节顺应自己的发展趋势发展。这一特点可以从以下两个方面来解释：一方面，战略环节必然和其他环节具有很强的相互关联性，与其他环节的关联度相对较高，这是某一产业环节成为整条产业链战略环节的必要因素。另一方面，战略环节对其他环节的发展具有较强的单向带动作用，即其他环节对战略环节的带动作用往往小于战略环节对其他各环节的带动作用。换言之，强单向带动性特征由强关联性和强单向影响性共同作用组成。

（2）高盈利性。高盈利性是产业链战略环节最直观的特点。作为产业链的主导环节，企业在这一环节产生的利润必然要高于其他各个环节，这也是战略环节在产业链中占据统治和主导地位的主要原因之一。

（3）强增值性。由于产业链中各个环节的特性不同，因此各环节所创造的价值量并不都是相等的，每个环节的价值增值与其在价值链上的位置重要程度和高度相关。通过实践不难发现：产业链中对其他环节具有极强带动作用的环节往往能创造最大的价值量，即整个产业链的价值源泉在于其战略环节。战略环节的强增值性能够不断地提高产业的竞争能力，使整条产业链充满活力（张铁男和罗晓梅，2005）。强增值性是基于强单向带动性和高盈利性两个特点以及价值链的特征综合而来。毫无疑问，产业链中最能产生价值和增值的部分也就是具有高盈利性和强单向带动性的战略部分。

（4）可变性。可变性是产业链战略环节最基本的特性。在一定时间内，若其他影响战略环节的因素不改变，某条特定产业链上的战略环节就不会发生变化。但是随着产业活动的进行，各产业环节的分工会进一步细化，从而导致构成整个产业链的各个环节发生相应的改变。产业链构成的变化会使各个产业环节产生新的相关关系，产业整体发展情况也会有所改变。因此，当产业链的构成环节有所变动时就必须对各个环节的地位和作用重新衡量，战略环节往往也会有所变化。

（5）不唯一性。在通常情况下，一条产业链只有一个战略环节，但对于某些错综复杂的产业链而言，由于涉及的环节较多，也可能存在两个或者两个以上的战略环节，它们与其他环节都有极强的关联性，并对整个产业链的发展都起着很强的带动作用，只有所有战略环节同时发展，产业链上的其他环节才能够相继发展从而促进整个产业链的发展（张铁男和罗晓梅，2005）。

7.2 产业链战略环节选择的理论依据

7.2.1 价值链管理理论

价值链是美国哈佛商学院 Michael Porter（1980）首先提出的。他认为产业价值链是根据企业与供需双方的关系，分别向其前、后延伸而形成的，从而导致整个产业链条上各环节的价值增值。但是不同企业间的价值链是有差异的，因为每个企业机构的技术特征各不相同。总的来说，一个企业的价值链就是这个企业价值创造的过程，要寻求价值的最大化，其关键就在于了解企业内部生产运营的各个环节并利用好它们之间的相互关系，即根据每个企业的具体情况将企业的各种价值创造活动有机结合起来，并形成一个价值增值的链条。随后，英国卡迪夫大学的 Peter Hines 等（2000）在 Michael Porter 对价值链的理论基础上进行进一步的拓展，他们提出分析时应该将价值链延伸，在原有主体的基础上纳入供应商和消费者，他们将顾客对产品的需求视为生产链的最终目标，而利润放在其后，作为次要目标。此外他们还提出：除生产作业以外，产业价值链也同样存在于技术开发、市场等辅助生产链运行的关键环节中。随后，Rayport 和 Sviokla（1999）提出了虚拟价值链的观点，他认为价值链不仅仅是由物质组成的，还可以通过信息的组织和传递来创造。虚拟价值链理论中最著名的理论是价值网理论，这一理论以顾客需求为导向，将客户、分销商、供应商等其他元素结合在一起，它的出现肯定了价值链能够创造价值这一观点，并使人们逐步认识到了高新技术和虚拟世界的重要性。

我国对价值链理论的研究相对较晚，国内学者以国外的理论为基础，对产业价值链进行了分析，最终得出产业价值链主要有以下三个特点：①产业价值链中各个环节的价值增值一定是以产业分工为必要条件的；②产业价值链中各个环节环环相扣，由上到下进行传递和递增；③产业价值链寻求的是长期性价值最大化，而非短期（陈抒，2013）。通过对价值链的研究，能够使相关利益主体了解到价值在产业链中的产生机制，从而深入剖析产业价值链的结构组成并对整个产业链的运营情况进行清楚的分析，最终最大限度地优化产业链。目前，价值链管理方法的主要应用方向是制定企业战略，它以优化价值链为基础，研究如何提高产业的竞争力，探索能使产业达到利益最大化的方法，从而做出合理有效的战略决策（陈抒，2013）。综上所述，使产品价值增值，并努力实现价值最大化是价值链管理研究的最终目的。另外，对林木生物质能源产业而言，价值链管理就是将生物质能源从原料供应、生产以及销售等各个环节进行资源整合，以产品链为载体，对各生产要素进行再次合理而高效的分配，从而达到产品价值的最大化。林木生物质能源产业链涉及的主体有农户、储运部门、加工部门以及销售部门，具体分为林木生物质能源原料供给、原材料储存运输、能源产品生产、能源产品储存运输及能源产品销售等环节。

7.2.2 灰色关联理论

灰色关联最早由邓聚龙教授（1982）提出，目前这一理论在因素分析、优势分析和综合评价等各个方面都有应用。灰色关联以灰色朦胧集为基础，它认为人们无法特别完全或者确定地认识事物的全部，在研究的过程中，需要利用合理的数学方法，将这些不确定的因素都包含进来，建立一个模型体系，并具体全面地分析、评估和预测这个模型体系，从而达到优化的目的。随着时间的推移或要素的变化，模型中不同对象之间的关联性大小也会发生相应改变，即关联度会发生变化。关联度数字的大小与两者的相关程度有关，数字越大，则说明相关程度越高，两个对象的变化趋势更趋于一致，若二者是因果关系，则说明该因素对目标值的影响越大；反之同理。因此灰色关联理论能够量化动态的发展体系。由于灰色模型分析的是事物整体发展走势，并没有对样本的每项指标都有很精确的要求，因此无论系统多么复杂或零散，各因素或对象之间始终具有相关关系。灰色模型的计算量会比一般的统计少很多，因为它克服了传统概率统计中数字杂乱、离散的弱点，但它的测算结果却能够与大多数的定性分析相吻合。因此，目前灰色关联理论分析法是一种比较简单、实用且可靠的分析方法（陈抒，2013）。

灰色关联分析方法是一种系统分析方法，它是灰色系统理论的重要组成部分，具有整体性、非对称性、不唯一性和有序性四个特点。灰色关联分析方法的整体性是指关联度指标强调参考序列对比较序列发展趋势的相对程度，它研究的是各比较序列对同一参考序列的影响值的大小（郑军伟，2011）。非对称性是指两列序列对对方的影响并不是等价的，它反映了真实世界中的客观情况。不唯一性是指在计算关联度时，母序列的选取、数据的处理方式或者分辨系数取值的不同都将导致最终结果有所不同。有序性是指分析中因素数据有一定的顺序，其在计算过程中不能打乱顺序，否则会影响最终结果。灰色关联分析从本质上来说是比较不同序列的关联度大小，其分析步骤如下：①确定参考序列与比较序列并求出它们的关联系数；②根据关联度的计算公式，由关联系数得到序列之间的关联度，再按关联度的大小进行排序，并结合经济意义进行分析，进而最终得出结论。这种方法通过把模糊的意图进行具体的建模再对模型进行分析，使本身模糊的灰色系统从结构、模型上以及相关关系上逐渐由黑变白，使不明确的因素逐渐明确。传统数学要求绝对的精确，绝不允许模棱两可，而灰色关联分析法突破了这一约束，具有计算方便、原理简单、排序明确、对数据分布类型无特殊要求等特点，所以实际应用价值很大（郑军伟，2011）。

7.3 林木生物质能源产业链战略环节的确定

7.3.1 确定林木生物质能源产业链战略环节的原则及步骤

产业链战略环节的确定是产业链分析的核心，而作为产业链的核心，战略环节具有明显的区别于其他环节的特征，从而其可识别度较高。在对产业链的战略环节进行分析时，可以从战略环节的特征出发，以强单向带动性、高盈利性、强增值性这三个主要特征作为识别战略环节的原则。产业链战略环节的高盈利性和强增值性两个特征具有高度正相关性，且均可用能源产品总产值的增加来量化，因此将高盈利性和高增值性合并为一个指标——高盈利增值性进行讨论。从而可以通过高盈利增值性和强单向带动性两方面选取相应指标以确定产业链的战略环节。

应用灰色关联分析方法确定林木生物质能源产业链的战略环节时应分为三步进行：①确定具有高盈利增值性的环节：根据灰色关联分析方法的整体性特点，分别将产业链上各个环节的价值增值选为比较数列，连续几年的林木生物质能源产品总产值为参考序列，根据灰色关联分析法计算公式分别计算出各个环节与能源产品总产值的关联系数和关联度，再结合经济意义对关联度进行排序并分析结果，找出决定产业链上盈利增值性最高的环节。②确定具有强单向带动性的环节：根据灰色关联分析方法的非对称性特点，依次选定每个环节的指标为参考序列，剩余两个环节的指标为比较序列，分别计算出关联系数和关联度，列出关联矩阵，再对关联矩阵进行优势分析，选出对其他环节影响大于其他环节对其影响的环节，或者与其他环节关联度均很高的环节，即产业链上具有强单向带动性的环节。③综合考虑前两步的结果，进行综合分析，确定整个产业链的战略环节，这一环节对产业链的发展影响最大，要使产业得到更好更快的发展，就需要对这一环节给予高度重视。

7.3.2　数据的选取

本章数据由项目组通过 2013 年 11 月对广西壮族自治区、云南省共 9 家企业以及 2014 年 7 月对内蒙古自治区 6 家企业的实地调研取得，涵盖了林木生物质成型燃料、林木生物质发电、林木生物质柴油和林木生物质燃料乙醇 4 种企业类型。实地调研形式包括与企业管理者访谈和问卷调查两种形式。访谈及问卷调查内容主要包括企业的基本情况、原料获取情况、产品生产销售情况、设备专利情况、税收补贴情况、能源林基地建设情况、延伸产品情况、投入产出情况、环境影响情况及其他情况 10 个方面的内容。另外，通过对各个企业生产、财务、原料采购等部门负责人的访谈和问卷调查，共完成企业问卷 15 份，问卷全部有效。

根据灰色关联理论，选取被调查的各企业 2013 年林木生物质能源产品总产值、生产林木生物质能源产品使用的原料总量、年均总投资额和年林木生物质能源产品年销售量 4 项经济指标作为研究资料。其中，对于整个生产链而言，生产过程中使用原料的总量才对最终产品的产量有影响，而各地区原料收购价格不统一，若选择使用的原料总额没有可比性，因此用使用的原料总量代表产业链中的原料供给环节，总投资额是指在生产过程中各个环节进行生产投入的总和，基本可以量化林木生物质能源的能源产品生产环节，因此用年均总投资额代表林木生物质能源产品生产环节。不同地区不同企业出售最终产品的价格不同，用年销售额代表销售环节不具有可比性，因此选用年林木生物质能源产品年销售量代表销售环节，具体数据如表 7－1 所示。

表 7－1　调研企业林木生物质能源产品相关指标

公司名称	所在省（自治区）	企业类型	年份	总产值/万元	原料收购/t	年均总投资额/万元	年销售量/t
广西南宁市兴捷能源科技有限公司	广西	林木生物质成型燃料	2013	130	9000	350	1800
广西南宁市大工木业有限公司	广西	林木生物质成型燃料	2013	35	2000	160	8400

续表

公司名称	所在省（自治区）	企业类型	年份	总产值/万元	原料收购/t	年均总投资额/万元	年销售量/t
广西桂邦生物能源有限公司	广西	生物柴油——油莎豆	2013	608	1500	130	100
广西横县华能木糠加工厂	广西	林木生物质成型燃料	2013	842	40000	100	4500
阳光凯迪新能源集团有限公司	广西	林木生物质发电	2013	7698	220000	1000	10300
柳州新森能源技术有限公司	广西	林木生物质成型燃料	2013	4000	22000	300	30000
云南神宇新能源有限公司	云南	林木生物质柴油——小桐子	2013	7890	450	19131.8	3000
昆明电研新能源科技开发有限公司	云南	林木生物质成型燃料	2013	1500	120000	1500	65000
云南腾众新能源科技有限公司	云南	林木生物质成型燃料	2013	1226	20000	1098.58	20000
国能赤峰生物发电有限公司	内蒙古	林木生物质发电	2013	5213	120000	430	82000
金骄集团赤峰基地	内蒙古	林木生物质柴油——文冠果	2013	16200	80000	8000	32000
金骄集团赤峰基地	内蒙古	林木生物质乙醇——文冠果	2013	5000	20000	3000	6000
奈曼旗鑫宸林木质发电有限公司	内蒙古	林木生物质发电	2013	0	200000	4200	0
国能通辽生物质发电有限公司	内蒙古	林木生物质发电	2013	57141	125000	2800	90000
内蒙古沃德生物质科技有限公司	内蒙古	林木生物质成型燃料	2013	2450	30000	1700	27000

7.3.3 高盈利增值性分析

为了分析产业链战略环节的高盈利增值性特征，首先选定参考数列和比较数列，并依次计算关联系数和关联度，最后对关联度排序选出战略环节。具体操作如下：

7.3.3.1 确定参考数列和比较数列

设 $Y_0(K)$ 为参考数列，它代表各企业林木生物质能源产品的总产值，

$X_1(K)$、$X_2(K)$、$X_3(K)$ 是3列比较数列，分别代表生产林木生物质能源产品使用的原料总量、年均总投资额和林木生物质能源产品年销售量。企业名称用序列1~15的阿拉伯数字表示。由于各项指标单位及意义都不同，直接比较不具有可比性，因此需要先对原始数据进行无量纲化处理，但进行无量纲化处理时选择方法的不同会对灰色关联分析的结果产生较大影响，因此需要谨慎选取无量纲化处理方法。总之，对数据进行无量纲化处理的方法通常有以下几种："中心化"处理、"极差化"处理、"极大化"处理、"极小化"处理、"均值化"处理、"初值化"处理。为了保证各指标具备可比性，此处对所有数据均选用"初值化"处理，即 $Y_0(K)=\frac{Y_0(K)}{Y_0(1)}$，$X_i(K)=\frac{X_i(K)}{X_i(1)}(i=1,2,3)$，处理后的数据如表7-2所示。

表7-2　各企业林木生物质能源产品经济指标初始化处理

企业序列	$Y_0(K)$	$X_1(K)$	$X_2(K)$	$X_3(K)$
1	1.0000	1.0000	1.0000	1.0000
2	0.2692	0.2222	0.4571	4.6667
3	4.6769	0.1667	0.3714	0.0556
4	6.4769	4.4444	0.2857	2.5000
5	59.2154	24.4444	2.8571	5.7222
6	30.7692	2.4444	0.8571	16.6667
7	0.0000	0.0500	54.6623	0.0000
8	11.5385	13.3333	4.2857	36.1111
9	9.4308	2.2222	3.1388	11.1111
10	40.1000	13.3333	1.2286	45.5556
11	124.6154	8.8889	22.8571	17.7778
12	38.4615	2.2222	8.5714	3.3333
13	0.0000	22.2222	12.0000	0.0000
14	439.5462	13.8889	8.0000	50.0000
15	18.8462	3.3333	4.8571	15.0000

7.3.3.2　计算关联系数、关联度

原始数据经无量纲化处理后消除了数据本身不可比的缺点，因此可直接利用表7-2数据及相关公式计算关联系数。根据灰色关联分析方法，Y_0 与 $X_i(i=1,$

2，3）在 K 点的关联系数为：

$$\xi_{0i}=\frac{\Delta(\underset{0i}{\min})+\rho\Delta(\underset{0i}{\max})}{\Delta_{0i}(k)+\rho\Delta(\underset{0i}{\max})}$$

其中，ρ 为分辨符号，一般取值 0.3 ~ 0.5，在此取值 0.4。式中 $\Delta(\underset{0i}{\max})$ 表示 Y_0 数列和 X_i 数列在 K 点的最大绝对差，$\Delta(\underset{0i}{\min})$ 表示 Y_0 数列和 X_i 数列在 K 点的最小绝对差。

表 7-3　各企业林木生物质能源产品参考数列和比较数列的绝对值

绝对差	$\vert Y_0(K)-X_1(K)\vert$	$\vert Y_0(K)-X_2(K)\vert$	$\vert Y_0(K)-X_3(K)\vert$
1	0.0000	0.0000	0.0000
2	0.0470	0.1879	4.3974
3	4.5103	4.3055	4.6214
4	2.0325	6.1912	3.9769
5	34.7709	56.3582	53.4932
6	28.3248	29.9121	14.1026
7	0.0500	54.6623	0.0000
8	1.7949	7.2527	24.5726
9	7.2085	6.2920	1.6803
10	26.7667	38.8714	5.4556
11	115.7265	101.7582	106.8376
12	36.2393	29.8901	35.1282
13	22.2222	12.0000	0.0000
14	425.6573	431.5462	389.5462
15	15.5128	13.9890	3.8462

由表 7-3 计算出参考序列和比较序列差的绝对值，我们可以得出 Y_0 和 X_1 最大差 $\Delta(\underset{01}{\max})=\max|Y_0(K)-X_1(K)|=425.6573$，最小差：$\Delta(\underset{01}{\min})=|Y_0(K)-X_1(K)|=0.0000$；

Y_0 和 X_2 最大差：$\Delta(\underset{02}{\max})=\max|Y_0(K)-X_2(K)|=431.5462$，最小差：$\Delta(\underset{02}{\min})=|Y_0(K)-X_2(K)|=0.0000$；

Y_0 和 X_3 最大差：$\Delta(\max_{03}) = \max|Y_0(K) - X_3(K)| = 389.5462$，最小差：$\Delta(\min_{03}) = |Y_0(K) - X_3(K)| = 0.0000$。

将上述数值代入关联系数的计算公式可计算出关联系数如下：

表 7-4　关联系数比较

关联系数	ξ_{01}	ξ_{02}	ξ_{03}
1	1.0000	1.0000	1.0000
2	0.9997	0.9989	0.9726
3	0.97412	0.9757	0.9712
4	0.9882	0.9654	0.9751
5	0.8304	0.7539	0.7444
6	0.8574	0.8523	0.9170
7	0.9997	0.7595	1.0000
8	0.9896	0.9597	0.8638
9	0.9594	0.9648	0.9893
10	0.8641	0.8162	0.9662
11	0.5953	0.6291	0.5932
12	0.8245	0.8524	0.8160
13	0.8846	0.9350	1.0000
14	0.2857	0.2857	0.2857
15	0.9165	0.9250	0.9759

根据灰色关联分析方法，关联度为关联系数的算数平均数，计算公式如下：

$$r_i = \frac{1}{N}\sum_{k=1}^{N}\xi_i(k)$$

将表 7-4 中的关联系数代入上述公式，得出关联度，结果如表 7-5 所示。

表 7-5　关联度

产业环节	关联度	关联度排序
原料收购	0.8646	2
年均总投资额	0.8449	3
年销售量	0.8714	1

根据上文所述，关联度数字越大，说明两者的相关程度比较高，两者的变化趋势趋于一致，说明该因素对目标值的影响也越大。由此可见，基于这 15 家企业的样本数据，与林木生物质能源产品总产值关联度最高的是林木生物质能源产品年销售量，其次是原料总量，关联度最小的是年均总投资额。从而可得出结论：在林木生物质能源产业链中对生产总值影响最大的是销售环节，其次是原料供给环节，最后是产品生产环节。这说明单从高盈利增值性方面来看，销售环节是使这 15 家企业盈利最大且产品增值最多的环节，因此销售环节具备了产业链战略环节高增值盈利性的特征。

7.3.4 强单向带动性分析

在确定林木生物质能源产业的战略环节时，除了分析产业链的高盈利增值性外，还需从强单向带动性特征方面来分析各个环节。而强单向带动性由强关联性和强单向影响性构成。根据灰色关联分析的不对称性特征，各环节对彼此的影响可能是不相等的，即 $r[X_0(k), X_i(k)] \neq r[X_i(k), X_0(k)]$。在分析产业链战略环节的强单向带动性时，需依次选定每个环节的指标序列作为参考数列，剩余两个指标序列作为比较数列，逐个计算关联系数和关联度，再利用优势分析比较关联度大小，确定具有最强单向带动性的环节。

为了简便计算，首先对已经进行无量纲化处理后的数据林木生物质能源产品使用的原料总量 $X_1(K)$、年均总投资额 $X_2(K)$ 以及林木生物质能源产品年销售量 $X_3(K)$ 分别两两组合，计算绝对差，并找出最大差和最小差，最后再根据灰色关联分析法中的公式计算出各要素相互的关联系数和关联度。

另外，计算各企业林木生物质能源产品各要素两两的绝对值，结果如表 7－6 所示。

表 7－6 各企业林木生物质能源产品各要素两两的绝对值

绝对差	$\lvert X_2(K)-X_1(K) \rvert$	$\lvert X_3(K)-X_1(K) \rvert$	$\lvert X_3(K)-X_1(K) \rvert$
1	0.0000	0.0000	0.0000
2	0.2349	4.4445	4.2096
3	0.2047	0.1111	0.3158

续表

绝对差	$\mid X_2(K)-X_1(K)\mid$	$\mid X_3(K)-X_1(K)\mid$	$\mid X_3(K)-X_1(K)\mid$
4	4. 1587	1. 9444	2. 2143
5	21. 5873	18. 7222	2. 8651
6	1. 5873	14. 2223	15. 8096
7	54. 6123	0. 0500	54. 6623
8	9. 0476	22. 7778	31. 8254
9	0. 9166	8. 8889	7. 9723
10	12. 1047	32. 2223	44. 327
11	13. 9682	8. 8889	5. 0793
12	6. 3492	1. 1111	5. 2381
13	10. 2222	22. 2222	12. 0000
14	5. 8889	36. 1111	42. 0000
15	1. 5238	11. 6667	10. 1429

由表7－6计算出参考序列和比较序列差的绝对值，我们可以得出如下结果。

X_2 和 X_1 最大差：$\Delta(\max_{12}) = \max\mid X_2(K)-X_1(K)\mid = 54.6123$，最小差：$\Delta(\min_{01}) = \mid X_2(K)-X_1(K)\mid = 0.0000$；

X_3 和 X_1 最大差：$\Delta(\max_{13}) = \max\mid X_3(K)-X_1(K)\mid = 36.1111$，最小差：$\Delta(\min_{13}) = \mid X_3(K)-X_1(K)\mid = 0.0000$；

X_3 和 X_2 最大差：$\Delta(\max_{23}) = \max\mid X_3(K)-X_2(K)\mid = 54.6623$，最小差：$\Delta(\min_{13}) = \mid X_3(K)-X_2(K)\mid = 0.0000$。

将上述数值代入关联系数的计算公式 $\xi_{0i} = \dfrac{\Delta(\min_{0i}) + \rho\Delta(\max_{0i})}{\Delta_{0i}(k) + \rho\Delta(\max_{0i})}$，可计算出关联系数如表7－7所示。

表7－7 关联系数比较

关联系数	ξ_{21}	ξ_{31}	ξ_{12}	ξ_{32}	ξ_{13}	ξ_{23}
1	1	1	1	1	1	1
2	0. 989361	0. 764704	0. 989361	0. 838555	0. 764704	0. 838555
3	0. 990716	0. 992367	0. 990716	0. 985762	0. 992367	0. 985762

续表

关联系数	ξ_{21}	ξ_{31}	ξ_{12}	ξ_{32}	ξ_{13}	ξ_{23}
4	0.840072	0.881358	0.840072	0.908041	0.881358	0.908041
5	0.502966	0.435511	0.502966	0.884145	0.435511	0.884145
6	0.93226	0.503875	0.93226	0.580364	0.503875	0.580364
7	0.285714	0.99655	0.285714	0.285714	0.99655	0.285714
8	0.707127	0.388059	0.707127	0.407241	0.388059	0.407241
9	0.95973	0.619047	0.95973	0.732807	0.619047	0.732807
10	0.643451	0.309523	0.643451	0.330326	0.309523	0.330326
11	0.60997	0.619047	0.60997	0.811488	0.619047	0.811488
12	0.774804	0.928572	0.774804	0.806734	0.928572	0.806734
13	0.681225	0.39394	0.681225	0.645651	0.39394	0.645651
14	0.787664	0.285714	0.787664	0.342362	0.285714	0.342362
15	0.934793	0.553191	0.934793	0.683112	0.553191	0.683112

表7-7中ξ_{21}表示以X_1为参考序列，X_2为比较序列，考察X_2对X_1的影响；ξ_{31}表示以X_1为参考序列，X_3为比较序列，考察X_3对X_1的影响。ξ_{12}表示以X_2为参考序列，X_1为比较序列，考察X_1对X_2的影响；ξ_{32}表示以X_2为参考序列，X_3为比较序列，考察X_3对X_2的影响。ξ_{13}表示以X_3为参考序列，X_1为比较序列，考察X_1对X_3的影响；ξ_{23}表示以X_3为参考序列，X_2为比较序列，考察X_2对X_3的影响。

再根据关联度的计算公式$r_i = \frac{1}{N}\sum_{k=1}^{N}\xi_i(k)$可计算出各要素相互的关联度：$r_{21}=0.77599$、$r_{31}=0.644764$、$r_{12}=0.77599$、$r_{32}=0.68282$、$r_{13}=0.644764$、$r_{23}=0.68282$。

表7-8 关联度

参考序列 \ 比较序列	原料收购X_1	年均总投资额X_2	年销售量X_3	max关联度
原料收购X_1	1.0000	0.77599	0.644764	0.77599
年均总投资额X_2	0.77599	1.0000	0.68282	0.77599
年销售量X_3	0.644764	0.68282	1.0000	0.68282

由表7－8结果可知，$r_{21}=r_{12}$、$r_{31}=r_{13}$、$r_{23}=r_{32}$，即基于15家企业样本数据，原料收购、年均总投资额和年销售量三者所构成的关联矩阵对称。并从单向影响性和强关联性两个方面加以分析：①强单向影响性，从关联度矩阵中可以看出，每两个指标对彼此的影响无显著差异，产业链中原料收购环节、产品生产环节以及销售环节中不存在对其他环节的影响大于其他环节对其影响的环节，即基于调研的15家企业数据，不存在具有明显单向影响性的环节。但在市场经济的大背景下，结合以顾客需求为导向的价值网理论来看，销售环节是将林木生物质能源产品供应方与需求方紧密联系起来的重要环节，若销售环节受阻，必将导致林木生物质能源产品的需求及供应都相应减少，从而直接影响到企业对原料的需求以及产品的生产。因此，作为这三个环节中最终端的销售环节，它对其他两个环节的影响是显而易见的，必定大于另两个环节对其的影响。即销售环节具有强单向影响性。②强关联性，依据表7－8的数据可看出，原料收购总量虽然与年均总投资额具有较高的关联度，但它与年销售量的关联度较低；年均总投资额与原料收购总量的关联度较高，但它与年销售量的关联度较低；而年销售量指标与原料收购和年均投资总额的关联度均较高，证明销售环节与原料供应环节和产品生产环节均有很强的关联性。因此，销售环节既对其他环节具有单向影响性，且对其他环节的影响有不可替代的作用，又有强关联性，与其他环节均有较高的关联度，因此具备了林木生物质能源产业链战略环节的强单向带动性特点。

7.3.5 林木生物质能源产业链战略环节的确定

根据林木生物质能源产业链战略环节确定的原则，通过灰色关联分析方法，从高盈利增值性和强单向带动性两个角度综合确定该产业链战略环节。

（1）基于高盈利增值性特征而言，在保持其他条件不变的情况下，林木生物质能源产业各投入要素对林木生物质能源产业总产值的影响程度大小依次为：年销售量＞年均总投资额＞原料收购量。亦即，在其他条件不变的情况下，通过企业年销售量的提高可明显地提高产业总值，销售环节带来的利润和产品的增加值在整个林木生物质能源产业链各环节中达到最大，其次是原料供应环节，最后是产品加工环节。即销售环节满足战略环节具备的高盈利性和强增值性的特征。

（2）基于强单向带动性特征而言，由于战略环节的强单向带动性特征包括强单向影响性和强关联性，从两者考量可知，在保持其他条件不变的情况下，15家企业产业链的原料供应环节、产品生产环节及销售环节均未表现出明显的强单向影响性，它们对彼此的影响无显著差异。但结合具体的经济环境以及以顾客为导向的价值网理论，根据销售环节在整个产业链环节中的作用和地位，可以判定销售环节对其他环节的带动作用大于其他环节对其的反作用，即具有单向带动性。再从各环节相互的关联度角度考虑，只有销售环节与原料供应环节和产品生产环节均有较高的关联度，与各环节的联系都比较紧密。因此，销售环节满足战略环节具备强单向带动性特征。

综合考虑高盈利增值性和强单向带动性两方面的结果，可确定销售环节即为林木生物质能源产业链的战略环节，此环节能给企业带来高利润、高增值，且与其他环节均有较强的关联性，并对其他环节的影响大于其他环节对其影响。在林木生物质能源产业链中，必须突出销售环节的战略地位，利用好战略环节对其他环节的强单向带动作用及其对整个产业链的影响来制定产业发展战略，针对企业目前在销售环节的不足，合理调整要素投入和生产安排，着力解决销售环节所面临的困难，拓宽林木生物质能源的产品销售空间，并从政策制定方面出台切实可行的保护和促进政策，解决销售环节面临的现实问题，以销售环节的发展带动整个林木生物质能源产业链的发展，从而使其高效的运作。

7.4 林木生物质能源产业链战略环节的验证

第7.3节中利用灰色关联分析法，结合战略环节的特征确定了林木生物质能源产业的战略环节，它对整个产业的发展具有举足轻重的作用，为了找准该产业发展的发力点，切实为其发展提供指导，还需要进一步对战略环节进行验证。此外，通过第6章确定了林木生物质柴油的生产路径为该产业链的关键路径，因此本节以生产林木生物质柴油的典型企业——云南神宇新能源有限公司为例并对此加以验证。

据云南省森林资源连续清查第四次复查的结果，全省林业用地面积2424.76万公顷，占全省土地总面积的63.4%；活立木总蓄积15.48亿立方米，约占全国总蓄积的1/8，森林面积约占全国面积的1/10，是全国的森林资源大省。在林业用地中，林地面积1501.50万公顷，占61.9%；无林地面积421.81万公顷，占17.4%；灌木林地面积408.37万公顷，占16.9%；疏林地面积79.65万公顷，占3.3%；未成林造林地面积12.95万公顷，占0.5%；另有苗圃地0.48万公顷，不足0.1%。其中，林木枯木、落叶、砍伐剩余物，以及灌木薪材林潜在产量巨大。同时，大面积的宜林无林地为培育能源林创造了良好的条件。这些资源为林木生物质发电、供热、制造固体燃料提供了坚实的基础。另外，云南水资源丰富，有六大水系，40多个天然湖泊，水源蓄积4600亿立方米；热量资源也很丰富，年均气温4.7~23.7℃，平均13.8℃，大于10℃，年积温3500~7500℃，平均为5500℃。充足的水分和热量为林木资源的再生创造了条件。

云南省在林木生物柴油提炼方面优势明显。国内外研究表明，目前已出现从膏桐、橡胶、黄连木、乌桕、红花油茶、香叶树等树种及果实中提炼柴油的技术，并且通过膏桐果实提炼柴油的技术已经可以利用。膏桐又名小桐子、小油桐等，为大戟科麻风树，属落叶灌木或小乔木，树高一般2~5米，雌雄同株。原产于热带美洲，现广泛分布于亚热带及干热河谷地区。我国引种有300多年的历史，主要分布于云南、四川、广西、广东、海南等地，以云南最多（李心芹等，2004）。根据云南省林木生物质能源——生物柴油原料林发展规划，2006~2015年云南将培育以小桐子为主的66.7万公顷的原料林基地，形成年产200多万吨生物柴油、产值超过30亿元的新兴产业。规划布局覆盖全省15个州市、101个县市。2006年首先在20个县进行了丰产栽培示范种植1.33万公顷。云南省生物柴油产业规划总规模达到100万公顷，规划建设小桐子生物柴油原料林基地66.7万公顷，建成后年产生物柴油230万吨（云南省林业厅，2006）。神宇公司作为生产林木生物质柴油的典型企业，在小桐子项目上拥有强大的技术支撑，与中国科学院、云南省林科院、云南省农科院、广西林科院都有稳定的战略合作伙伴关系。公司计划在两年内，达到在全国发展小桐子原料种植基地100万公顷以上的目标，同时建设具有年产500万吨生物柴油生产能力的加工厂，大幅提高农民收入、帮助环境恶劣的地区改善环境，同时实现企业盈利和高速发展，成为中国可再生能源、林木生物质能源及原料的最大提供者，从而为社会可持续发展提供性能优异、环境友好的可再生能源。

7.4.1 神宇林木生物质柴油产业链

云南神宇新能源有限公司于 2006 年 3 月注册成立，是专门在云南省干热河谷地区非粮用地上集约化发展小桐子生物质能源产业化的公司。神宇拥有林地 364.7 万亩，其中云南省内 214.7 万亩，缅甸 150 万亩，拥有林地经营和使用权 50 年的权证。已种植 30 余万亩小桐子原料林种植核心基地，其中经国家林业局验收通过的面积达 17 万亩。公司先后承担了国家发改委高新技术产业化示范项目、科技部国家科技支撑计划项目、云南省商务厅在缅甸境外的替代种植项目。2007 年被认定为云南省林业产业龙头企业，2008 年被认定为国家扶贫龙头企业、云南省农业产业化经营龙头企业，2009 年被认定为云南省在缅甸的境外替代种植企业，2010 年被认定为云南省小桐子生物质能源示范企业、云南省新农村建设发展促进会优秀会员和新农村建设产业示范基地。

目前，公司已投资数亿元，在云南省及缅甸拥有数百万亩可进行小桐子生物质能源开发的土地，并已在云南省完成了数十万亩的小桐子原料基地建设。同时，公司在楚雄州完成了年产 6 万吨小桐子原料油加工厂的建设，工厂总占地面积 260 多亩，全部建筑总面积超过 15000 平方米；并采用国内外先进技术，先期建成年产 3000 吨小桐子油、3000 吨小桐子生物柴油和 3000 吨脱毒饲料蛋白的生产线，现已生产出了小桐子油、小桐子生物柴油及小桐子蛋白等产品，另外，公司一期生产的小桐子原料油已供给中石油公司用于生物航空燃料的开发并已获得成功。2011 年 10 月 28 日上午，以神宇小桐子原料油为原料加工的生物航空燃料，经国航以 50∶50 比例加入波音 747 型飞机，在首都国际机场试飞获得圆满成功，这预示着小桐子生物燃料产业的初步成功及巨大前景。

云南神宇新能源有限公司具有最好的基地建设、加工等经验，形成具备很强的竞争实力的完整产业链，因此以神宇新能源有限公司作为研究对象具有一定的典型性。其产业链构成如图 7－1 所示。

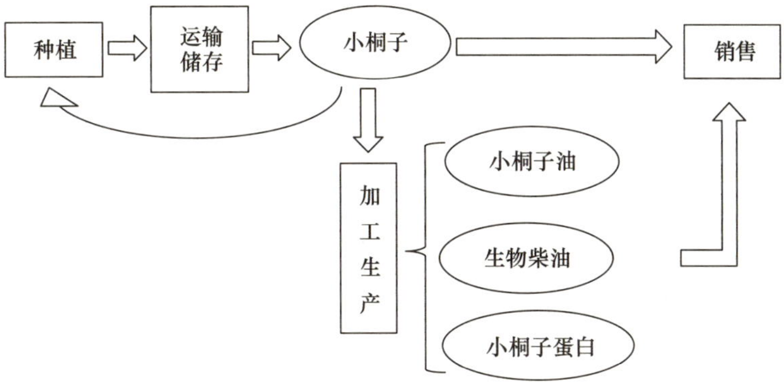

图7-1 云南神宇林木生物质能源产业链构成

7.4.2 神宇产业链战略环节确定

项目组于2013年11月对云南神宇进行调研，取得了神宇公司林木生物质能源产品生产销售的一手数据。林木生物质能源产业链的每个环节都在创造价值，且每个环节创造的价值并不是等同的。从上节对林木生物质能源产业链战略环节的确定中不难发现，高盈利增值性是战略环节区别于其他环节最明显的特征，因此选择考察产业链各环节的盈利增值性来验证云南神宇企业的战略环节是否为销售环节。在衡量盈利增值性的指标中，增值是指林木生物质能源产业链各环节的市场价格与成本的差值，但由于各环节成本不同，每个环节的产品初值亦不同，若直接以增值作为衡量盈利增值性标准不具有可比性。增值率是增值与成本的商，它是一个相对数，反映了各环节创造价值的能力，因此用增值率衡量产业链各环节的盈利增值性更为恰当。某一环节的增值率越高证明企业在这个环节创造的价值就越高，即具有战略环节的高盈利增值性特征，结果分析如表7-9所示。

从表7-9可看出，云南神宇林木生物质能源产业链中随着链条的延伸，从种植到加工再到运输销售，增值率最高的环节是销售环节。在小桐子油和生物柴油的生产过程中，价值逐渐变大，增值率分别为60.7%和113.8%；而小桐子蛋白在生产过程中价值增值较小，仅为11%左右。由此，小桐子蛋白应作为小桐子能源化利用过程中的附属产品出现，以延伸林木生物质能源产业链的长度，以及增加产业的总产值。

表 7-9　云南神宇各环节利润分配情况

环节		成本/（元/t）	价值/（元/吨）	增值/（元/吨）	增值率/%
原料供应	种植	1900	—	—	—
	采收	1125	—	—	—
	运输	100	—	—	—
	储存	500	3625	1125	45.0
生产	加工——小桐子油	1850	5475	1850	51.0
	加工——生物柴油	2150	5775	2150	59.3
	加工——小桐子蛋白	400	4025	400	11.0
销售	小桐子油	5475	8800	3325	60.7
	生物柴油	5775	13000	7225	133.8
	小桐子蛋白	4025	4500	475	11.8

资料来源：实地调研数据。

从上述分析来看，云南神宇新能源有限公司的小桐子能源化产业链的战略环节是销售环节，因为销售环节的增值率最高，给企业带来的利润也最大。这与上节得出的结论一致，因此可验证销售环节即为林木生物质能源产业的战略环节。然而，在实际调研中发现，神宇公司面临产品市场销售渠道不畅的问题。神宇公司已建成年产 6 万吨的小桐子原油厂和生物柴油加工厂，但是目前仅生产销售 6000 吨，主要销售给中石油、中石化及高校科研机构等作为实验用品。由于产品流通渠道不完整且缺乏相应的保障政策，大石油公司尚未接受生物柴油的销售使用，所以目前，销售环节虽是林木生物质能源产业的战略环节，但其战略地位尚未凸显，战略环节发展受阻，导致整个产业链发展受到阻碍。

国家林业局 2013 年制定下发了《全国林业生物质能发展规划（2011—2020 年）》（以下简称“规划”），规划中明确提到：到 2020 年，建成能源林 1678 万公顷，林业生物质年利用量超过 2000 万吨标煤，其中，生物质热利用贡献率为 70%，生物液体燃料贡献率为 30%（国家林业局，2013）。截至 2015 年，我国生物柴油年产量约 80 万吨，燃料乙醇年产量约 210 万吨，要在 2020 年达到各类生物质能源计划年利用量，促进林木生物质能源产业的健康发展，还需企业及政府共同努力。

就目前销售使用存在较大问题的生物液体燃料——生物柴油而言：一方面，像云南神宇新能源有限公司这样的生物柴油生产企业应从产业链结构出发，调整产业链各个环节的生产安排，凸显战略环节的主导地位，增加销售环节的要素投入，加大宣传力度并着力寻找可靠的销售渠道以改善其产品市场销售渠道不畅通的问题。另一方面，政府要继续发挥对林业产业的引导、支持和监管作用，针对不同生物质能源的具体情况，结合生物质能源产业链的结构特点，完善强制市场政策和经济激励政策。具体到生物柴油来说：①应在价格层面对其销售使用给予一定的支持，完善相关的终端补贴及税收减免政策，并且明确补贴或税收减免的作用对象以达到最优效果。②需建立生物柴油优先利用机制，通过法律法规和政策规定强制保障生物柴油的市场份额，将规划中的目标柴油年利用量具体到各能源使用部门甚至企业，以此解决销售渠道不畅的问题。③强化制度创新，积极探索政府支持生物柴油企业技术创新、产品创新、组织创新、管理创新、商业模式创新新机制，建立有利于生物柴油创新发展、公平竞争的政策环境和法律体系。④从关税及出口补贴方向着手以促进林木生物质能源产品的全球自由化贸易，加强林木生物质能源产品的全球化流通。⑤加强监管，建立滚动的调整机制以加强调查统计评估生物柴油利用的工作，对政策措施及规划实施情况的跟踪监督工作进一步强化，及时掌握规划执行情况，并根据执行情况适时地调整战略。另外，各项政策措施策在使销售环节的利益最大化及整个生物柴油产业链最优化的原则上配合进行，以战略环节带动产业链，从而推动整个产业的发展。

7.5 本章小结

本章首先介绍了产业链战略环节的内涵与特征，以及在确定产业链战略环节时所依靠的理论依据——产业价值链理论和灰色关联理论，再进一步结合林木生物质能源产业的特点，利用实地调研取得的数据，通过灰色关联分析方法，以战略环节的特征——高盈利增值性和强单向带动性为原则确定了销售环节是样本企业产业链的战略环节，最后以生产林木生物质能源的典型企业——云南神宇新能源有限公司为例，验证了销售环节是该企业的战略环节。另外，要保证林木生物质能源产业的健康快速发展，关键在于确定该产业的战略环节并保证战略环节的健康发展。

第8章　林木生物质能源产业链优化对策与建议

林木生物质能源作为新型清洁燃料，合理优化其产业链结构，推进其产业链发展在一定程度上有利于改善我国能源结构状况，提高新能源利用比例，缓解当前能源压力，同时有助于减少我国 CO_2 排放强度，促进节能减排目标的实现，从而促进国民经济和社会的可持续发展。此外，林木生物质能源产业链的发展能够刺激各地区对能源林的种植发展积极性，加快绿化造林步伐，尤其在西北地区的沙漠地区成功种植了大片旱柳、沙柳和胡枣等植被，在一定程度上提升了各地区对林地的管理水平，加快了绿化造林步伐，在提高地区绿化覆盖率的同时改善了林地质量，使生态系统服务功能更好地发挥，加快了我国生态文明建设步伐。

优化完善林木生物质能源产业链有助于全社会生态环境建设且有助于相关企业增加收益。一方面，能够推进企业生产技术水平革新，提高能源利用效率，增强企业核心竞争力；另一方面，帮助企业减少原料收购、产品销售环节的各项压力，降低生产和管理成本，提高企业利润率。

此外，林木生物质能源产业链发展可有效地增加林农收入，在天然林全面禁伐政策启动后能够为林农提供新的收入渠道，尤其有助于改善贫困地区林农的生计资本状况，推进我国全面小康社会的建设步伐。因此，促进产业链发展，解决产业链现阶段的关键问题对于国家、企业、林农等主体有着深远的作用。

国家能源结构调整和社会生态环境的保护虽然推动了林木生物质能源产业链的迅速发展，但林木生物质产业作为一类新兴产业，其产业链发展在供给、生产、销售三个环节上还处于初步发展阶段，仍存在如下相关问题亟待解决。

第一，林木生物质能源林建设水平不足。目前已查明的我国林木生物质能源储量丰富，但多分布于东北、西南和南方林区以及西北地区，资源区域分布差异显著（侯坚等，2009）。同时，能源林开发利用起步相对较晚，缺乏合理的规划和布局，并且养护管理水平较低，林地规模和质量难以保障，要满足工业生产中集中、可持续的原料供给对能源森林原材料转化的需求是困难的。

第二，我国能源林种植者林农产业链参与度不高。现阶段，在林木生物质能源产业发展过程中国家的专项资金补贴以及政策支持对象主要是企业，并未向林农提供专项的政策补贴，其林农种植参与热情较低。此外，企业受资本限制导致宣传力度相对较小，当地林农并不清楚与了解林木生物质能源收购的方式和渠道，且企业收购能源原料成本过高，无法给能源林种植者林农带来可观效益，从而造成大量林农还未参与产业链发展之中。

第三，林木生物质能源原料收集难度大。由于大多数林木生物质能源林多生长在山区或荒漠地区，交通条件较差运输困难，机械无法正常作业，生产自动化、机械化程度较低，原料收集多以人工为主，工作量大且效率低。并且，林木生物质能源树种较多，原料收集季节不一，如沙生灌木能源林收集多以冬季为主，加剧了原料收集的难度。原料收集困难使原料无法持续集中地供给。

第四，生物质能源企业生产的核心技术还处于研发阶段。林木生物质能源产业从生命周期发展理论仍处于导入期到成长期阶段，在这一阶段中企业技术尚未达到较高水平，关键核心技术仍处于攻坚阶段。企业技术水平相对较低，导致林木生物质原料无法有效利用，生产规模相对较小，产品产量较少。

第五，林木生物质能源开发与利用成本较高。首先，林木生物质能源作为一种替代能源，在开发利用过程中技术投入、管理维护投入，以及原料收购等方面成本均远高于化石能源，同时相对于太阳能、水能和风能等能源而言，其原料收购成本居高不下；其次，林木生物能源产业属于劳动密集型产业，但企业雇工成本随着农村劳动力转移迅速爬升，进一步提高了林木生物质能源产业的生产成本，从而导致企业无法将自身优势转化为竞争优势。

第六，林木生物质能源产业市场尚处于初期培育阶段。市场规模化是推动产业链优化和发展的重要驱动力之一，而林木生物质能源作为一类新型能源，消费者的消费习惯正处于养成阶段，消费规模尚未形成，市场规模小且机制与监管不完善使产业链的发展举步维艰。

针对我国林木生物质能源产业链供给环节存在的能源林建设水平不足、原料收集难度大、林农参与度不高，生产环节存在的生产技术不足、生产成本较高，销售环节存在的市场培育供给、生产、销售环节等问题，本书从促进发展林木生物质能源产业链的参与主体（政府、企业、林农）出发提出以下对策和建议。

8.1　政府发挥宏观调控职能，为产业发展提供有力支撑

我国林木生物质能源产业链的主体要素培育不全，产业发展的硬件和软件设施与环境都需要进行改善和大幅提升，并且由于林木生物质能源产业发展具有正外部性和公共物品属性，所以政府政策在其产业链的整个形成与发展阶段都起着不可替代的作用。因此，政府应该着手解决产业链中存在的上述问题，必须发挥其职能，引导各方大力发展新能源产业，既要利用种植能源林推动生态文明建设，又要让能源林多元开发实现可持续发展。根据研究结论从政府角度出发，提出如下几点产业链优化的具体对策建议：

8.1.1　依托造林项目，加强产业链源头供给能力

我国早在20世纪就在东北、华北地区和西北地区开展了三北防护林工程，对风沙、水土流失治理起到至关重要的作用。三北防护林工程所造林地大部分都可成为林木生物质能源原料，且我国木质资源多集中于东北、西南地区和南方地区，西北地区木质资源起到补充作用。然而在木质资源充足的情况下，我国林木生物质能源供给能力不足问题突出，因此，我国林木生物质能源产业链受到严重制约。

我国政府应继续依托多项造林工程，加快推进国有林场改革，林业行政部门加快职能转变，鼓励国有林场市场化运作，鼓励优强企业参与国有林场兼并重组，通过规模化经营和市场化运作盘活国有林场创造经济效益。政府应鼓励国有林场参与林木生物质能源产业链之中，并为林木生物质能源产业链提供优质持续的原料提供保障。

此外，政府还应注重树种的良种培育，种植多种能源类树种，利用荒山造林、退耕还林、三北防护林项目大力植树造林，改造土壤条件。注重原料来源多元化，不仅可以选择人工种植的速生林，还可以将林木废弃物加工成林木碎片和颗粒物，注重能源材料利用的综合化。同时，注重能源林的科学管理，如降低火灾频率等。

8.1.2 利用能源林项目助推精准脱贫，调动林农参与积极性

习近平总书记提出，生态文明建设关乎人民福祉和国家未来建设；造林绿化，改善生态任重而道远。我国水土流失和沙漠化形势严峻，水土流失和生态恶化的趋势尚未得到遏制，且我国7000多万贫困人口中绝大多数分布在偏远林区和荒漠地区。因此，偏远地区与荒漠地区防治水土流失与治沙扶贫工作任重而道远。

第一，财政资金扶贫。在水土流失与荒漠治理过程中，我国众多生态修复企业应加速种植多种能源林，利用治理水土流失和生态治沙工程实现精准扶贫。政府应在能源林种植过程中对林农进行资金扶贫，如制定补贴标准，对林农收集林木生长废弃物进行资金补贴、以工代赈资金扶贫，对企业雇佣林农收集林木生物质原料工作制定财政补贴标准，切实提高林农工作收入。

第二，技术扶贫。国家林业局应组织农技专家下乡推广农业技术，普及能源林种植技术。科技扶贫工作应坚持精准扶贫，不仅要为牧民推广种植技术，还要为林农提供技术咨询，解答林农提出的问题，切实解决各种技术难点和产品销售问题。

此外，政府积极调动企业与林农生产积极性的同时，政府、企业、林农应各自分工明确：政府修建公路、企业成立生态修复队伍、林农成立合作社种植能源经济作物，走政府带动、企业发展、农户减贫的和谐发展之路。

8.1.3 重视创新技术研发，加快产学研联合发展

技术是降低原料获取成本和产品开发成本的重要因素，关系着林木生物质能源产业现在的和未来的发展方向。目前我国的林木生物质能源开发利用技术与国外相比，其差距主要体现在技术进步率方面，如在林木生物质燃料乙醇的加工转

化方面还存在技术问题，尚未能实现量产。因此，对于实现林木生物质能源产业链扩展关键点在于建立有利的技术支持体系。

第一，坚持能化结合，加速技术成果转化。一方面，国家应该大力支持林木生物质能源的技术研究与开发，特别是在能源森林原材料的培育、收获、能源产品加工技术研发等方面，加快技术成果转化。通过开发新产品、新技术，努力降低成本，实现更有益的能源替代。另一方面，在确保资源的基础上，对原料获取环节、生产环节的设备进行系统配套开发，探索建立一种分散加工或集中利用的工林业一体化发展的模式。

第二，建立产、学、研相结合的高素质人才培养机制。加强企业与科研院所之间的互联建设，以科研成果创新生产工艺，以生产的发展需求促进科研创新与成果转化，这样不仅可以实现人才和技术的交流，也可以实现更高更有效的资本利用率（原枫柏，2011）。例如，高校与企业联合建立实习基地，以加强学生的专业实践能力，同时，高校给企业提供专业的人才进修渠道，如此能够有利于培养行业所需的实用型人才。同时，在生产环节加强农民和企业的合作，为产业发展构建良好的微观基础。

8.1.4　健全市场保障机制，提升能源产品市场拉动力

市场是林业生物质能产业发展的重要驱动力之一，但必须使林业生物质能产业提高其在能源产业的竞争力，占据大额市场占有率不能仅仅依靠市场自身调节作用，还应该提升政府对林木生物质能源市场的干预作用。

首先，发展能源林，打开能源市场，必须有强大的资金支持。政府部门应当积极寻求国际合作，建立多渠道融资机制的同时降低投融资门槛，简化办理程序。此外，制定和完善林木生物质能源开发利用的配套政策，建立落实专项资金补贴，实现优惠税收即征即退，还可以适度征收化石能源税、碳排放税和环境保护税，以限制化石能源的使用，鼓励林木生物质产品的研发、生产与应用。

其次，政府应制定强制性和激励性能源市场导向政策，建立健全多元投资机制以增强林木生物质能源企业的造血功能与市场竞争能力。例如，强制规定销售的汽油、柴油等必须按照一定的比例添加林木质生物柴油；使用林木生物质能源等清洁能源的企业可适当减免税费等；尽早建立有效的行业标准，实现产业标准

化建设，使林木生物质柴油能够被中石油、中石化等大型能源企业敞开收购，并带动其他民营、外资企业进入生物质能源市场。政府出台综合性优惠政策建立健全市场保障机制，以此形成稳定的市场需求，推动和吸引更多的企业进入或转型，使林木生物质能源及其衍生品能够具有持续市场拉动力。

最后，利用能源林建设项目，加强林农对林木生物质能源产业政策、企业和产品的认知，尤其重视基层政府工作人员和村干部对林农参与能源林建设及林木生物质能源产业原料供应的重要作用（叶友发和何马生，2012）。从节能减排的战略和可再生能源利用的角度来看，应重视能源森林建设，不应与传统的植树造林等同，因此建议独立规划、专项建设投资、封闭建设。在政府资金的支持下，结合县林业局、林业站及村干部的组织，林农参与一系列的能源林建设项目，利用参与能源林建设项目提高农户认知，进而提高林农企业间的合作效益。此外，通过政府基层工作人员和村干部的广泛宣传，营造良好的产业发展环境，增强林农对从事林木生物质能源产业原料供给的信心，从而提高供应链主体合作关系的稳定性与有效性。

8.1.5 构建林木生物质能源产业体系，加强产业链各层次联系

我国在建立林木生物质能源产业体系中也应更加注重产业的可持续发展。要坚持领导班子、大项目支持、集群推广和园区发展战略。完善政策保障机制，优化发展环境；培育产业体系，应坚持创新驱动战略，培育创新的主体，引导能源企业、新能源科研机构加快技术创新、营销创新。加快自主品牌建设，增强产业核心竞争力；坚持以市场为导向，生物质能源产业应遵循市场规律，完善市场要素。营造良好的市场环境，大力宣传林木生物质能源产品；坚持板块推动，加强对产业链上各类资源优化整合，大力培育产业集群，推动上下游企业协作。

8.1.6 强化清洁能源宣传，持续推进环境保护政策

近年来，我国的绿色环保产品市场处于快速发展阶段，绿色环保产品深受消费者青睐，这都间接证明了我国林木生物质能源产业发展潜力巨大。对此，政府应当加强舆论引导，将清洁能源快速发展提上日程（刘荣志和周宪龙，2007）。

第一，在全社会范围内加强对林木生物质能源利用的认知，大力宣传其环

保、高能的特性，让林木生物质能源在全社会得到广泛支持，要树立能源危机意识和绿色能源消费意识，以及环保、低碳经济的友好理念。在全社会范围内营造保护环境的人文环境与社会氛围，从而引导大众团体加入林木生物质能源产业链中，提高林木生物质能源产业链的综合实力。

第二，国家应当在某些地区加强“限煤令”等环境保护政策，为了促进清洁可再生能源的发展，国家应该加大对环境污染企业的处罚力度，并对燃煤发电等使用传统能源的企业施加节能减排压力，通过强制性手段促进林木生物质能源产业链发展。

任何新兴产业发展离不开政府政策的推动，国家政策对新产业形成和发展的指导作用具有决定性作用和深远影响。我国林木生物质能源产业正处于起步期阶段。对此，我国政府应当以政策导向为主，企业、个人多元努力共同创造林木生物质能源产业发展的良好环境，让有限的政策、资金、技术等要素更加集中地支持产业链，林木生物质能源产业发展的关键环节和领域营造出良好的资源节约和环境保护的氛围。

8.2　企业优化产业链，提升产品市场竞争力

目前，林木生物质能源企业在能源市场竞争中处于劣势地位，融资渠道单一，缺乏流动资金，生产成本居高不下，收益甚微、单个企业势单力薄，缺乏合作对象、原材料供给数量质量难以保障、产业链狭窄，缺乏发展空间等问题困扰着企业。因此，企业应发挥自身新能源企业类型优势，充分利用国家优惠补贴政策，推动产业链发展。作者结合上述研究结论从企业角度出发，提出以下几点产业链优化的具体对策建议：

8.2.1　企业拓宽原料供应渠道，保障产业链源头持续供给

虽然我国已经在西南地区种植了数量相当的小桐子，在北方种植了一定数量的文冠果，但是由于缺乏对土地的合理评价和科学规划，我国一大部分可以种植

能源林的荒山、盐碱地、沙荒地处于荒废状态，林木生物质燃料资源无法持续供给。因此，企业拓宽原料供应渠道，保障原料持续供给势在必行。

其一，企业应自建能源林基地，实现产业化，完善产业服务体系。企业应选择有发展潜力的生物质能源树种，落实土地资源，建立能源作物种植及管理体系。企业自建能源林基地不仅可以有效防止土地沙漠化，而且可以对当地水土保持和气候改善做出贡献。内蒙古毛乌素生物质热电有限公司自主培育能源林，其主要生物质燃料主要以沙生灌木剩余物为主（原枫柏，2016）。该公司在自主培育能源林过程中可以使企业自身对能源原料的数量和质量有整体的掌控。能源林需要大量的人工培育，而大量人力投入也有利于增加当地农户副业收入。

其二，企业收购农户林业剩余物。我国林区与林区人口分布较为分散，农户在林木生物质能源加工企业周边的集中度相对较差。因此，应鼓励林木生物质能源加工企业寻求与林农长期稳定的合作关系，为使企业的原料得到长期稳定的供给，提倡构建“公司 + 中间商 + 农户”的模式，企业在综合衡量多方面因素后，应根据区位距离在每个村庄确定一户林农作为中间商与其签订原料供给合同，由中间商收集其负责区域内的原料，再统一发售给企业。通过此模式，可以加强农户与企业间的黏合度，中间商作为原料生产者与其负责的区域内其他林农相知甚熟，可带动其周围林农原料供给的积极性，并通过统一收集、统一供给的模式，既解决了单一林农出售原料困难的问题，也降低了企业用以收集原料的成本，且获得了长期稳定的原料供给。供给企业从农户处收购其剩余农林废弃物，不仅可以为农户提供每公顷大约 800 元的收入，而且可以节省企业种植和维护能源林的人工成本，减少秸秆等农作物废料燃烧形成的大气污染，减少了火灾隐患。企业也可以适当地与大型家庭农场和大规模林业生产合作社签订合同，保障能源原料持续供给。

其三，下游企业依靠上游企业维持原料供给。上游企业有自建能源森林基地的生产能力支持，应该与下游企业广泛地签订原料收购合同。上游企业拥有较为成熟的生物炼制技术体系，可以将产生的废料以原料的形式提供给下游企业。这样既保障了下游企业有效生产，又不会产生原料浪费。

8.2.2 生产企业拓展融资渠道，增加生产要素流动

近年来，由于我国林木生物质能源产业主要由国家提供拨款与贷款，融资渠道过于单一。我国林木生物质能源企业普遍会碰到融资渠道狭窄、融资成本过高等困境，极大地阻碍了企业开发利用林木生物质能源的进度。因此，生产企业积极拓展融资渠道，使生产要素在产业链中加速流动尤为重要。

其一，我国林木生物质能源企业应积极寻求银行贷款。由于我国林木生物质能源企业主要融资渠道为内部资金积累，而银行借款成为企业外部融资的主要来源，且少有银行提供长期信贷资金。因此，企业应该积极提高企业素质，提高融资水平。林木生物质企业应明确企业的发展目标与发展方向，以及在林木生物质产业链中的营利模式，及时降低企业风险，就应建立健全完善的现代企业制度，加强企业内部制度管理，更应注重企业核心技术的创新与改造，与银行建立长期有效的合作关系，争取获得长期信贷资金，盘活产业链。

其二，企业还应当在国际市场积极寻求合作交流，与资金实力雄厚的跨国公司建立长期合作伙伴关系。我国中小型林木生物质能源企业利用利润可观的项目与大型能源企业进行合作共同融资，且按比例分担责任。另外，中小型企业利用林木生物质能源项目与高校、科研机构进行合作，以及利用高校技术优势共同开展项目（苑慧玲等，2012）。

其三，企业应通过 CDM 机制，向国际基金组织进行融资。近年来，我国已批准了数量规模较大的新能源项目的融资计划。我国林木生物质能源企业应该准备好议价能力较强的 CER，以新能源和可再生能源项目向基金组织进行申请融资，以较低的利率引进较大的资金盘活自身产业链（侯坚等，2009）。

8.2.3 企业降低生产成本，寻求企业最大利润

由于林木生物质能源是一种替代能源，与风能、水电能、光能、太阳能等能源存在商品的替代和竞争关系，林木生物质能源企业在市场经济中无法决定市场价格，必须压低生产成本降低销售价格才能有利于企业生存。因此，企业应优化林木生物质产业链，压低生产成本，以合适的产品价格应对激烈的新能源市场竞争。

其一，优化产品设计方案，降低产品综合成本。企业研发人员应当提高对降低成本增加收益认识的重视程度，在能源林地区、树种、生产线方面进行优化升级，提高资本使用效率。

其二，企业在对原料产地选拔过程中应综合考虑，优先选择原料易获得、原料质量高的能源林基地。企业在选择原料运输路线过程中应当考虑运输成本与运输距离，与专业林木运输公司达成长期合作协议，降低运输成本以提高企业效益。

其三，强化原材料采购价格监控，降低生产成本在所有成本中所占比重来提升企业效益。另外原料成本是由原料价格和消耗量决定的。因此，有效降低原材料采购成本是提高企业效益的一大重要途径。由于国家除对少数产业的价格实施监控外，对其他产业价格都会放任由市场经济自行调控，所以企业应该在企业内部设置采购部门，由专业采购人员负责对能源林木采购，在不同地区、不同能源林基地比较后购买。

其四，企业应建立能源材料采购定额，根据以往生产经验与产品设计对能源采购制定额度以防止生产部门在生产过程中的原材料浪费。另外，对生产工人实际消耗的原材料进行考核与分析，建立材料消耗与工资挂钩机制，促使工人在实际生产林木生物质能源产品过程中减少原材料浪费，进而提高企业效益。

8.2.4 企业拓宽生产经营渠道，上下游企业互助合作

林木生物质能源直接燃烧、生物质化学转化、生物质生物转化利用等方式是林木生物质能源利用的主要途径。具体来说，其产品可分为成型燃料加工、生林木生物质发电、物柴油转化利用等多种产品。林木生物质能源企业根据产品可分为上下游企业，上下游企业将各个产业链环节进行拆解细分，并对每个产业链通过二次加工实现其产业链延伸，例如，上游企业利用生物质发电后可进一步供热、供气，然后将废弃物灰渣卖给下游企业生产化肥还田；上游企业利用林木生物质制作固体废料后将废弃物转给下游企业，下游企业将废弃物通过汽化形成润滑油、食物油等；下游企业还可将上游企业生产的液体燃料如生物质柴油和生物质乙醇进行深加工后提取得到精油和日化用品。通过上下游企业协作生产建立完整的产业链。

8.2.5 企业寻求多元合作，形成长效发展机制

目前国家电网公司、中粮集团有限公司、中国石油天然气有限公司等大型国有公司与国家林业局签订了合作协议，为有效推动产业链延伸，应建立多种新型发展模式，譬如，加快“林电油一体化”模式的发展（谷战英等，2007）。

2014 年，全球木质颗粒产量为 2410 万吨，欧盟产量约占 62%，北美地区约占 34%，且欧盟为全球木质颗粒消费量最大地区。因此，我国林木生物质能源应与多国企业合作，提高生产技术，利用产品出口增加收益。

我国林木生物质能源企业应维持与大型国有能源企业的合作，如国家电网、中石油和中石化等公司。稳定产品销路，积极寻求国际合作，与欧盟国家达成合作协议，提高产品质量，利用价格优势迅速打入欧盟生物质燃料市场。

8.3 林农组建林业专业合作社提升自身实力，积极融入产业链

通过实地调研发现，我国林农在林木生物质能源产业中属于原料供给方，但由于林农生产积极性不高，且没有具备与企业谈判的共同体，林农在产业链中处于弱势地位，也无法获得可观的收入，导致产业链发展滞缓。因此，林农积极提升自身实力，积极融入产业链势在必行。笔者结合上述研究结论从林农角度出发，提出以下产业链优化的具体对策建议。

8.3.1 林农自发组成林业专业合作社，规模化生产

由于林农在林木生物质能源产业链中处于弱势地位，能源林经营粗放，能源资源产量不高，技术研究不足，应用于能源树种的改良较少，在提高能源生产率方面还有很大的空间，而种苗的生产和循环不规范，苗木质量难以得到保障，缺乏系统的管理与规划，能源原料收集困难（侯坚等，2009）。

林业专业合作社是一种基于家庭承包经营的互助性经济组织，合作社是一个

农业技术和优良品种推广普及的有效平台，能够及时传达市场信息、稳定农业生产、平抑农产品价格，可以与市场中多个主体进行联系与沟通。因此，林农应积极参与合作社依托合作社统一收集材料、统一发售与规模优势等特点提升自身实力。

第一，合作社应与企业签署合作协议、积极开拓能源原料销路，成为林农与市场之间的重要媒介。积极探索企业 + 合作社 + 林农模式（常祥祯等，2009），林业合作社作为链接企业与林农的重要载体，相比势单力薄的林农，林业合作社能够与实力强大的企业进行谈判，以统一收集、统一销售的方式与企业制定收购价格，保障林农收益，为企业提供长期稳定的原料供应。

第二，林业专业合作社作为林农结合的载体，能够促进林农生产专业化分工，标准化生产，规模化经营。我国林业能源资源收集运输受到能源林分布分散的客观影响而无法顺利开展，所以合作社应综合衡量土地利用状况与植物生产周期，科学规划统一部署（米锋等，2015）。结合国家林业重点工程加大能源林的基地化建设，根据林农各家能源林地不同状况进行分工，重点培育规模化能源林基地，并对能源林树木进行统一管理，使资源收集处理实现机械化、现代化、规模化。降低生产成本，形成规模效益。

第三，林业专业合作社作为林农的代表，具有与政府直接对话的权利。林业合作社应该主动向政府寻求政策补贴，并向政府提出增加林业生物质能源产业原料供应链补贴的建议，提升林农参与林木生物质能源原料供给的积极性，有利于增强林农与林业合作社、企业之间关系的建立，增强林业合作社与企业合作关系的黏合度，确保林木生物质能源行业原材料稳定供给，提升产业影响力，促进供应链合作关系的有效稳定发展。

第四，农业生产的不确定性通常是不可预测的，因为农业生产和经营可能导致损失的不确定性难以预测。农业风险在可预测范围内人力也无法抵抗。在能源林经营过程中以及在林业生产过程中，林业内部与外部环境多角度的不利因素使林业风险充满了发生的必然性和可变性（许晓丽，2009）。能源林种植多倾向于区域种植，区域内能源林都可能遭受同种风险的危害，如病虫害、恶劣天气、森林火灾、技术风险、市场风险等风险均具有区域性。以上特点决定了林业风险一旦发生，危害巨大。针对林业易发生风险这一特性，首先，林业专业合作社应采取避险措施，为合作社成员购买森林保险。为使我国能源林农户灾后能够快速重建与恢复生产，林业专业合作社应该对能源林风险进行预测以防范林农权益受损，根据历史资料和能源林风险现状对未来风险进行预测，采取多方面手段降低风险和减少损失，并共同购买森林保险以减少能源林农的损害。其次，林业专业合作社应采用林业新技术有效降低林业经营风险和技术风险，与科研机构进行合作，减少技术风险。最后，由于林业产业的经济、社会与生态的三大效益，其生态效益与收益主体存在较大不一致性和非排他性，且具有较强的公共产品性质，所以林业专业合作社应该向政府寻求林业生产补贴，加大补贴力度，制定能够反映能源林效益实际的补偿标准（孙凤莲等，2012）。

第五，林业专业合作社的一大特点是统一采购、统一销售，按交易量获取收益分红。所以，相对于单个林农采购树苗、农药、化肥、农机来说，林业专业合作社利用自身成员庞大的优势可以与树苗等原材料供应商谈判并制定低于市场价格的采购价格。林农从林业专业合作社处购买的林业生产资料越多，林农能够从林业合作社获得的分红就越多，利用此类机制刺激林农生产积极性。

8.3.2 林业种植大户起到示范带头作用，建立自身一体化产业链

随着集体林权制度的改革，我国建立起了规范有序使用权流转机制，根据林业生产的发展需要，为了促进林木生产经营能够实现集约化，政府应鼓励林木所有权与使用的积极流转。在此背景下，能源林种植大户扩大能源林种植规模，形成了规模化经营，在产业链中占据有利地位。为了驱动我国林木生物质能源产业链的发展，能源林种植大户应起到示范带头作用，并通过一系列措施建立起自身一体化产业链。

第一，林权制度的改革促进了我国林地种植规模化，能源林种植大户应吸收外来资金，拓展能源林种植规模，从生产经营规模入手开始转变经营方式，由传统的粗放种植模式逐步转化为集约化、科技化和信息化的现代林业种植方式。

第二，能源林产出效益存在巨大的提升空间，能源林种植规模提升对劳动力生产率和要素利用率的正向作用显著，随着林业生产资料的技术革新，机械化效率提升，将驱动我国能源林种植生产效率的快速提升。因此，我国林木生物质能源林种植大户应抓住机遇，利用新兴技术，快速提升生产效率，降低生产成本，

以获得较高的收益。

第三，利用新型合作模式纵向整合，对产后环节有效紧密连接消费市场。林木生物质能源林种植大户拥有更强的纵向产业链综合的能力与驱动力。种植大户利用“公司 + 基地 + 林农”一体化模式，有望成为能源林产业链纵向整合的主导者。

8.4 本章小结

综上所述，本章对我国林木生物质能源产业链优化发展的重要性及目前存在的问题进行系统的论述，同时从产业链发展中的不同参与主体角度出发提出相关优化对策和建议。相关研究结果表明林木生物质能源产业链的稳定、有效发展，不仅依赖于政府制定相关扶持政策，更依赖于政府和市场所营造的林木生物质能源产业发展环境、企业经营策略的改进、林农对林木生物质能源认知的提高。为了使产业链各层次间联系更加密切与完善，我国政府应完善林木生物质能源产业体系；从原料供给、市场政策与政府职能方面入手建立完善市场保障机制；引导产业进行技术研发与创新，加快产学研一体化进程，利用能源林项目建设助推我国精准扶贫项目进展。林木生物质能源企业应该优化产业链、拓展融资渠道和销售渠道、降低销售成本、开源节流提升产品市场竞争力，加速产业链发展。林农应自发成立合作组织，保护自身权益提升自身实力，加快融入林木生物质能源产业链中。通过各方的共同努力，优化产业链发展结构，从而推进我国林木生物质能源产业链的建设和完善。

参考文献

［1］常祥祯，施海，秦永胜，乔妮，戴雷．北京市发展林业生物质能源问题的思考［J］．河北林业科技，2009（5）：45－49.

［2］常燕，陈武，张晓萱．节能投资新机制：合同能源管理［J］．能源技术经济，2011，23（2）：40－44.

［3］陈朝隆．区域产业链构建研究——以珠江三角洲小榄镇、石龙镇、狮岭镇为例［D］．广州：中山大学博士学位论文，2007.

［4］陈朝霞．论中国动漫产业投融资模式［J］．经济论坛，2015（11）：68－71.

［5］陈婧，马履一，段劼，贾黎明．中国林业生物质能源发展现状［J］．林业实用技术，2012（11）：16－19.

［6］陈抒．我国咖啡产业链及其发展战略分析［D］．海口：海南大学硕士学位论文，2013.

［7］陈赟．加快我国合同能源管理发展的思考［J］．中国能源，2011，33（1）：42－44.

［8］成东．武汉凯迪电力股份有限公司发展战略研究［D］．武汉：武汉大学硕士学位论文，2005.

［9］程开明．结构方程模型的特点及应用［J］．统计与决策，2006（10）：22－25.

［10］程奎．基于结构方程的产业集群对企业绩效影响实证研究［D］．哈尔滨：哈尔滨工业大学硕士学位论文，2011.

［11］程绚．日本动漫对外传播研究［D］．济南：山东大学博士学位论文，2015.

［12］程燕，李先德．国外啤酒大麦产业链运作实践及其对中国的启示［J］．世界农业，2014（2）：43－50.

［13］迟诚．林业成型燃料，怎样“燃”得更旺［N］．中国绿色时报，2009－07－09（B02）．

［14］董安邦，廖志英．供应链管理的研究综述［J］．工业工程，2002，5（5）：16－20.

［15］杜公朴，夏大慰．现代产业经济学［M］．上海：上海财经出版社，1999.

［16］邓聚龙．灰色控制系统［J］．华中工学院学报，1982（3）：9－18.

［17］杜娟．依托高铝煤炭资源建立循环经济产业链［J］．环境保护与循环经济，2014（10）：28－30.

［18］杜义飞．基于价值创造与分配的产业价值链研究［D］．成都：电子科技大学博士学位论文，2005.

［19］段立赋．基于产业网的产业聚集研究［D］．成都：电子科技大学硕士学位论文，2012.

［20］冯良．关于推进循环经济的几点思考［J］．节能与环保，2002（9）：18－21.

［21］冯献，詹玲．广西木薯生物质燃料产业链效益分析——基于广西桂平市木薯产业链的典型调查［J］．中国热带农业，2009（2）：19－22.

［22］冯云廷．资源型城市产业转型过程中产业链网络的衍生［J］．现代城市研究，2009，24（3）：74－78.

［23］傅国华．运转农产品产业链，提高农业系统效益［J］．中国农垦经济，1996（11）：24－25.

［24］傅津．可再生能源产业化国际比较及对我国的建议［J］．国际石油经济，2006，14（10）：23－26，71－72.

［25］高岚，李伟．林木生物质能源的发展和我国能源林建设［J］．生物质化学工程，2006（Sl）：265－275.

［26］高岚，田明华，吴成亮．环境经济学［M］．北京：中国林业出版社，2007.

［27］高柱，冯敬等．林业生物质能源发展趋势及现状研究［J］．安徽农业科学，2011，39（4）：2126－2128，2137.

［28］耿玉德．林业产业化研究［D］．哈尔滨：东北林业大学博士学位论文，2002.

［29］龚勤林．区域产业链研究［D］．成都：四川大学博士学位论文，2004.

［30］辜禄荣，闻建静，孟庆江．江西省新型材料科技发展战略的研究与思考［J］．江西科学，2007（4）：489－493，504.

［31］管天球．我国生物质能源产业发展存在的问题及其优化对策［J］．湖南科技学院学报，2010，31（4）：71－74.

［32］郭承龙，郭伟伟，郑丽丽．林业产业链的形成机制探析［J］．林业经济问题，2009，29（1）：56－60.

［33］郭强，赵瑾，赵晓鹏，张芳，刘思源．数字图书馆的管理与管理成本研究［J］．图书馆理论与实践，2009（6）：1－5.

［34］郭永亮．中国汽车产业发展与使用波特钻石模型分析上海汽车生产和相关产业的竞争力［D］．北京：清华大学硕士论文，2004.

［35］国家林业局．全国林业生物质能源发展规划（2011—2020 年）［EB/OL］．http：//www. forestry. gov. cn［2013－6－14］．

［36］国家能源局．中国能源网生物质能发展“十三五”规划［EB/OL］．http：//www. china－nengyuan. com/news/101873. html［2016－12－6］．

［37］谷战英，谢碧霞．林木生物质能源发展现状与前景的研究［J］．经济林研究，2007（2）：88－91.

［38］桂寿平，张霞．农业产业链和 U 型价值链协同管理探讨［J］．改革与战略，2006（10）：78－80.

［39］韩凤元．工业设计的产业之路［J］．包装工程，2008（3）：169－171.

［40］何海洲，杨志强，郑力．广西铝土矿资源特征及利用现状［J］．中国矿业，2014，23（5）：14－17，22.

［41］何周蓉，邓良伟，张红丽．农村沼气产业链模式优化［J］．科技管理研究，2014（24）：81－85，100.

［42］贺蕾．中国苹果汁市场需求研究［D］．西安：西北农林科技大学博士学位论文，2011.

［43］贺正楚，潘红玉，张蜜．新材料产业技术创新联盟模式研究［J］．财经理论与实践，2015，36（2）：128－132.

［44］侯坚，张培栋，张宝茸，袁宪正．中国林业生物质能源资源开发利用现状与发展建议［J］．可再生能源，2009，27（6）：113－117.

［45］胡建忠，郜源临，卢顺光．“三北”地区沙棘种植地带划分与对策［J］．自然资源学报，2005（4）：545－554.

［46］胡丽霞．北京农村可再生能源产业化发展研究［D］．保定：河北农业大学博士学位论文，2008.

［47］胡亦盛，楼儒铠，章豪锋．价值链、供应链与产业链的概念辨析［J］．现代物业（中旬刊），2010，9（6）：22－23，105.

［48］黄丹枫．叶菜类蔬菜生产机械化发展对策研究［J］．长江蔬菜，2012，（2）：1－6.

［49］黄锦涛，王新雷，徐彤．我国农林生物质发电相关问题研究［J］．沈阳工程学院学报（自然科学版），2008（1）：7－14.

［50］黄雷．中国开发林木生物质能源与其产业发展研究［D］．北京：北京林业大学博士学位论文，2008.

［51］黄雷，张彩虹，刘轩．林木生物质能源产业最优保护力度数量分析［J］．林业经济，2009（3）：21－24.

［52］霍丽丽，田宜水，孟海波，赵立欣，姚宗路．生物质固体成型燃料全生命周期评价［J］．太阳能学报，2011（12）：1875－1880.

［53］贾文艺，唐德善．产业集群理论概述［J］．技术经济与管理研究，2009（6）：125－128.

［54］姜书．中国林木生物质能源产业化政策研究［D］．北京：北京林业大学硕士学位论文，2007.

［55］姜书，宋维明，李怒云．关于林木生物质能源产业化问题的思考［J］．林业经济，2007（1）：16－18，22.

［56］蒋国俊，蒋明新．产业链理论及其稳定机制研究［A］．全国技术经

济与创新论坛2002年学术研讨会论文［C］.2002.

［57］蒋国俊，蒋明新．产业链理论及其稳定机制研究［J］．重庆大学学报（社会科学版），2004，10（1）：36－38.

［58］孔迪．大连市高端科技服务业发展规划研究［D］．大连：大连理工大学硕士学位论文，2009.

［59］蓝瞻瞻．中国木材加工业产业链优化研究［D］．北京：北京林业大学博士学位论文，2012.

［60］李彩红．我国化工行业循环经济发展研究［D］．武汉：华中科技大学硕士学位论文，2007.

［61］李桂芹．蔬菜全产业链价格形成及稳定措施研究［D］．南京：南京航空航天大学博士学位论文，2015.

［62］李兰兰，黄飞，於世为．基于SD－MOP的煤炭产业链系统仿真与优化［J］．中国地质大学学报（社会科学版），2012，12（5）：24－31.

［63］李军亮，李俊国．关于建筑工程施工管理成本的控制［J］．商品与质量，2015（21）：214－214，215.

［64］李孟刚，蒋志敏．产业经济学理论发展综述［J］．中国流通经济，2009（4）：30－32.

［65］李鹏程．《合同能源管理技术通则》解读［J］．建设科技，2010（16）：13－15.

［66］李奇伟，戚荣，张远平．能源甘蔗生产燃料乙醇的发展前景［J］．甘蔗糖业，2004（5）：29－33，44.

［67］李仕明．构造产业链，推进工业化［J］．电子科技大学学报（社科版），2002（3）：75－77.

［68］李伟．宁夏回族自治区优质枸杞产业发展影响因素及对策研究［D］．北京：北京林业大学博士学位论文，2015.

［69］李心芹，李仕明，兰永．产业链结构类型研究［J］．电子科技大学学报（社会科学版），2004，60（4）：60－63.

［70］李云．我国林木生物质能源林基地建设问题的思考与前瞻［J］．林业资源管理，2008（3）：12－15，20.

［71］梁靓．生物质能源的成本分析——以燃料乙醇为例［D］．南京：南京林业大学硕士学位论文，2008.

［72］刘春，赵丽丽，杨西飞．安徽硫铁矿资源开发利用现状及布局建议［J］．中国非金属矿工业导刊，2013（3）：12－15，31.

［73］刘贵富．产业链基本理论研究［D］．长春：吉林大学博士学位论文，2006.

［74］刘贵富．产业链运行机制模型研究［J］．财经问题研究，2007（8）：38－42.

［75］刘荣志，周宪龙．中国农村生物质能发展现状与对策［J］．中国农学通报，2007（12）：434－436.

［76］刘胜刚．活化管理运行机制促进林木生物质能源开发［A］．中国农学会．循环农业与新农村建设——2006 年中国农学会学术年会论文集［C］．2006：3.

［77］刘晓敏．产业链视角下 FDI 对山西煤炭产业升级的影响［D］．临汾：山西师范大学硕士学位论文，2014.

［78］刘银萍．海宁市水稻产业现状及发展对策研究［D］．杭州：浙江大学硕士学位论文，2014.

［79］联合国新闻．中国内蒙毛乌素生物质热电生态项目在联合国介绍成功经验［EB/OL］．http：//www. un. org/chinese/News/story. asp？ NewsID ＝ 17465［2012－3－26］．

［80］卢慧．纺织集团发展集群品牌战略的影响因素研究［D］．上海：上海工程技术大学硕士学位论文，2016.

［81］罗凌．关于中国发展林木生物质能源原料供给的思考［J］．山东林业科技，2012，42（6）：101－105.

［82］吕萍，罗海燕．基于产业链管理的甘肃制种产业链整合实证研究［J］．兰州交通大学学报，2012，31（2）：88－91.

［83］吕文，王春峰等．中国林木生物质能源发展潜力研究（1）［J］．中国能源，2005（11）：21－26.

［84］吕文，张彩虹等．林木生物质原料发电供热技术路线初步研究［J］．

中国林业产业，2006（4）：39－41，44.

［85］马国霞，石敏，李娜．中国制造业产业间集聚度及产业间集聚机制［J］．管理世界，2007（8）：58－66.

［86］孟枫平．联盟博弈在农业产业链合作问题中的应用［J］．农业经济问题，2004（5）：53－55.

［87］米锋，潘文婧，陈凯．基于结构方程的林木生物质能源产业链外部驱动力研究［J］．科技管理研究，2015，35（12）：128－132.

［88］闵恩泽．发展我国生物柴油产业的探讨［J］．当代石油石化，2005（11）：8－10＋49.

［89］穆军芬．具有边权演化特征的复杂网络模型的研究［D］．天津：河北工业大学博士学位论文，2012.

［90］潘小苏．林木生物质能源资源潜力评估研究［D］．北京：北京林业大学硕士学位论文，2014.

［91］卜庆军，古赞歌，孙春晓．基于企业核心竞争力的产业链整合模式研究［J］．企业经济，2006（2）：59－61.

［92］綦良群，胡乃祥．汽车产业链演化机理及影响因素研究［J］．管理评论，2012，24（11）：51－59.

［93］强静波．基于波特钻石模型的企业财务竞争力评价研究［D］．南京：南京理工大学硕士学位论文，2013.

［94］乔颖丽，孙芳等．蔬菜产业链模式选择影响因素实证分析——基于冀西北地区实地调查［J］．农业经济与管理，2010（2）：12－18.

［95］任红波．模块化体系中的产业链整合研究［D］．上海：复旦大学博士学位论文，2005.

［96］荣泰生．AMOS 与研究方法（第 2 版）［M］．重庆：重庆大学出版社，2009.

［97］阮永华．生物质能源发展的规划与博弈混合多层次模型［J］．淮阴工学院学报，2005（1）：84－87.

［98］芮明杰．上海产业高端高效的评价与升级路径研究［J］．科学发展，2011（8）：72－79.

［99］芮明杰，刘明宇．网络状产业链的知识整合研究［J］．中国工业经济，2006（1）：49－55.

［100］生物质能源考察组．德国瑞典林业生物质能源利用技术考察报告［J］．生物质化学程，2006（S1）：15－22.

［101］盛昭翰，蒋德鹏．演化经济学［M］．上海：上海三联书店，2004.

［102］石元春．中国可再生能源发展战略研究丛书——生物质能源卷［M］．北京：中国电力出版社，2008.

［103］石元春．中国生物质原料资源［J］．中国工程科学，2011，13（2）：16－23.

［104］石元春，李十中．迎接生物质经济时代的到来［J］．中国财政，2007（5）：69－73.

［105］史忠良．产业经济学［M］．北京：经济管理出版社，2005.

［106］苏硕军，钟世明，潘惠，林本喜，庄佩芬．基于波特钻石模型的中国种业国际竞争力影响因素分析［J］．台湾农业探索，2012（6）：33－37.

［107］隋菲菲，安珍珍．金骄集团生物质能产业链的研究［J］．中国管理信息化，2011（4）：64－70.

［108］孙凤莲．林木生物质能源开发利用及其产业支撑体系构建研究［D］．武汉：华中农业大学博士学位论文，2010.

［109］孙凤莲，王雅鹏，王薇薇．我国林木生物质能源产业发展的区域定位和替代潜力及开发利用对策［J］．农业现代化研究，2010，31（3）：325－329.

［110］孙凤莲，王忠吉，叶慧．林木生物质能源产业发展现状、可能影响与对策分析［J］．经济问题探索，2012（3）：149－153.

［111］谭鹏．基于复杂网络理论的供应链违约风险传染及控制研究［D］．西安：长安大学硕士学位论文，2016.

［112］谭艳．发展我国生物质能源产业的政策选择研究［D］．西安：西安理工大学硕士学位论文，2009.

［113］檀勤良，罗开颜，张充，张兴平．我国风电产业链垂直整合中的利益分配策略研究［J］．华北电力大学学报（自然科学版），2015，42（3）：90－96.

［114］铁铮．中国林木生物质能源发展向何方？——访北京林业大学校长宋

维明［J］. 绿色中国，2011（17）：26－29.

［115］万劲，方升佐. 能源林的发展概述［J］. 现代农业科技，2006（10）：14－17.

［116］万泉. 能源植物的开发和利用［J］. 福建林业科技，2005，32（2）：1－5.

［117］万云辉. 基于供应链金融的汽车零配件企业信用风险评价研究［D］. 赣州：江西理工大学硕士学位论文，2014.

［118］王化玉. 我国风电产业竞争力及影响因素研究［D］. 无锡：江南大学硕士学位论文，2014.

［119］王凯，颜加勇. 中国农业产业链的组织形式研究［J］. 现代经济探讨，2004（11）：28－32.

［120］王连茂. 江西省林木生物质能源产业化研究［D］. 北京：北京林业大学博士学位论文，2009.

［121］王球琳. 林产工业生态产业链演进机理及效能评价研究——以黑龙江省为例［D］. 哈尔滨：东北林业大学博士学位论文，2016.

［122］王天营. 产业设计与产业确定的途径［J］. 经济管理，2007（15）：81－84.

［123］王炜亮. 石化产业生态分析及水资源优化利用研究［D］. 上海：同济大学博士学位论文，2007.

［124］王秀峰，李华晶，李永慧. 基于内容分析法的中国生物质能源产业发展影响因素研究［J］. 管理学家（学术版），2012（1）：56－64.

［125］王雅鹏，孙凤莲等. 中国生物质能源开发利用探索性研究［M］. 北京：科学出版社，2010.

［126］王杨. 国内外林木生物质能源化利用状况比较研究［J］. 防护林科技，2015（1）：79－80＋104.

［127］王叶. 我国农业上市公司业绩影响因素分析［D］. 南京：南京农业大学硕士学位论文，2009.

［128］王云琴. 基于复杂网络理论的城市轨道交通网络连通可靠性研究［D］. 北京：北京交通大学硕士学位论文，2008.

［129］王志宏，何志强．矿区可持续发展中的技术创新与产业链延伸[J]．煤炭学报，2003，28（4）：348－352.

［130］翁克瑞．农产品国际竞争力的影响因素分析［D］．武汉：华中农业大学硕士学位论文，2004.

［131］魏敬周，刘维忠．棉花补贴政策对棉花产业链利益分配影响的理论探析［J］．农业技术经济，2014（5）：81－88.

［132］魏然．产业链的理论渊源与研究现状综述［J］．技术经济与管理研究，2010（6）：140－143.

［133］魏一鸣，焦建玲，廖华．能源经济学［M］．北京：科学出版社，2011.

［134］邬兰娅，齐振宏等．养猪户建立生态产业链的影响因素实证研究［J］．中国农业大学学报，2014，19（3）：236－242.

［135］吴创之，马隆龙．生物质能现代化利用技术［M］．北京：化学工业出版社，2003.

［136］吴创之，庄新姝等．生物质能利用技术发展现状分析［J］．中国能源，2007，29（9）：35－41.

［137］吴金明，邵昶．产业链形成机制研究——“4＋4＋4”模型［J］．中国工业经济，2006（4）：36－43.

［138］吴明隆．结构方程模型——AMOS 的操作与应用［M］．重庆：重庆大学出版社，2010.

［139］吴瑞林．基于结构方程模型的测验分析方法［M］．北京：北京大学出版社，2011.

［140］吴伟光，黄季焜．林业生物柴油原料小桐子种植的经济可行性分析［J］．中国农村经济，2010（7）：56－63.

［141］项义军，厉佳佳．黑龙江省与俄罗斯农业跨境产业链发展研究[J]．对外经贸，2014（10）：32－34.

［142］小宫山宏，迫田章义，松村幸彦．日本生物质综合战略［M］．中国环境科学出版社，2005.

［143］邢熙，郑风田，崔海兴．中国林木生物质能源：现状、障碍及前景

[J]．林业经济，2009（3）：6－12.

［144］徐剑琦，张彩虹，张大红．木质生物质能源树种生物量数量分析［J］．北京林业大学学报，2006（6）：98－102.

［145］徐福庆，张玉岩．我省森工企业科技兴林状况分析与对策［J］．吉林林业科技，1991（5）：61－64.

［146］徐颖，刘鸿雁．能源植物的开发利用与展望［J］．中国农学通报，2009，25（3）：297－300.

［147］许晓丽．我国林业风险管理及林业保险研究［D］．南京：南京林业大学硕士学位论文，2009.

［148］肖宏儒，宋卫东等．生物质成型燃料加工技术分析研究［J］．中国农机化，2009（5）：67－68.

［149］杨春芳．不锈钢产业链集中度和盈利能力分析［J］．有色金属，2012，2（3）：19－22.

［150］杨公朴．产业发展战略要有相对稳定性［J］．上海工业，2003（12）：11－12.

［151］杨海龙，封志明，吕耀．木薯燃料乙醇的碳效应分析［J］．自然资源学报，2013（5）：732－744.

［152］杨晗，邱晖．产业结构理论的演化和发展研究［J］．商业经济，2012（10）：26－27.

［153］杨加猛，张智光．林业产业链绩效测度体系构建及应用［J］．农业系统科学与综合研究，2011，27（3）：278－284.

［154］杨加猛，张智光．论林业产业链的多维拓展思路［J］．安徽农业科学，2010（20）.

［155］杨加猛．基于 LBCT 四维演变的林业产业链测度模型［A］．江苏省系统工程学会（Systems Engineering Society of Jiangsu）．江苏省系统工程学会第十一届学术年会论文集［C］．2009（8）.

［156］杨江．基于生命周期生物柴油可持续性分析的研究［D］．武汉：武汉工程大学硕士学位论文，2012.

［157］杨启军．2016 年生物质能发电行业现状及发展趋势分析报告［EB/

OL］. https：//wenku. baidu. com/view/44938fe652d380eb63946deb. html？ from = search［2016 -9 -14］.

［158］杨宇昕．从产业价值链看中国汽车零部件企业发展战略［D］．武汉：武汉科技大学硕士学位论文，2004.

［159］叶友发，何马生．新时期改进林业生物质能源问题的若干思考［J］．黑龙江科技信息，2012（36）：243.

［160］应启臣，曹勇．2040 年世界能源展望——埃克森美孚 2016 版预测报告简介［J］．当代石油石化，2016，24（2）：37 -43.

［161］游振华，李艳军．产业链概念及其形成动力因素浅析［J］．华东经济管理，2011，25（1）：100 -103.

［162］于丹，张兰，张彩虹．基于熵权 TOPSIS 的林木生物质能源区域发展潜力的评价研究［J］．北京林业大学学报（社会科学版），2016（3）：50 -55.

［163］于丹．林木生物质能源资源供给能力评价及影响因素分析［D］．北京：北京林业大学硕士学位论文，2016.

［164］喻林，张明林．我国农产品加工产业链成长机理研究［J］．统计与决策，2006（19）：94 -95.

［165］原枫柏．内蒙古林木生物质能源企业运营现状及发展对策［J］．安徽农业科学，2016，44（9）：265 -267.

［166］苑慧玲，王向荣，刘新民．拓宽中小企业融资渠道的新方式——项目融资［J］．企业经济，2012，31（8）：172 -176.

［167］云南省林业厅．云南省林木生物质能源——生物柴油原料林发展规划［EB/OL］. http：//www. forestry. gov. cn/main/72/content -375594. html［2006 -5 -15］.

［168］张彩虹，张大红，徐剑琦等．中国林木生物质能源发展经济分析与可行性研究［J］．中国林业产业，2006（1）：35 -45.

［169］张华丽．基于波特钻石模型的哈尔滨城市旅游竞争力研究［D］．青岛：中国海洋大学硕士学位论文，2010.

［170］张建龙．全面加强林业站建设为促进林业又快又好发展提供基础保障［J］．林业经济，2006（4）：6 -10.

[171] 张兰. 中国林木生物质发电原料供应与产业化研究 [D]. 北京：北京林业大学博士学位论文，2010.

[172] 张兰，张彩虹. 林木生物质能源发展研究综述 [J]. 经济问题探索，2012 (10)：186 - 190.

[173] 张琪，常建民，司慧，高雪景. 国内外生物质能源政策对比研究 [J]. 现代化工，2011 (S2)：5 - 9.

[174] 张铁男，罗晓梅. 产业链分析及其战略环节的确定研究 [J]. 工业技术经济，2005 (6)：77 - 78.

[175] 张文彬. 陕西省能源产业经济溢出效应分析 [D]. 西安：西安财经学院硕士学位论文，2012.

[176] 张希良，吕义. 中国森林能源 [M]. 北京：中国农业出版社，2008.

[177] 张志国. 把脉森林绿色发展——访十一届全国政协委员中国工程院院士尹伟伦 [J]. 绿色中国，2012 (5)：17 - 19，16.

[178] 章芸，陈秋波，邓燔. 我国生物质能源开发的研究和分析 [J]. 现代农业科技，2007 (12)：172 - 174 + 176.

[179] 赵红颖. 生物质发电的生命周期评价 [D]. 成都：西南交通大学硕士学位论文，2010.

[180] 赵予新，王群芳，汪俊枝. 河南省小麦产业链存在的问题及对策研究 [J]. 粮食科技与经济，2012，37 (2)：13 - 15.

[181] 郑大庆，张赞，于俊府. 产业链整合理论探讨 [J]. 科技进步与对策，2011 (2)：64 - 68.

[182] 郑军伟. 基于灰色系统理论的数据关联度建模及其应用 [D]. 杭州：杭州电子科技大学硕士学位论文，2011.

[183] 郑学益. 构筑产业链，形成核心竞争力——兼谈福建发展的定位及其战略选择 [J]. 福建改革，2000 (8)：14 - 15.

[184] 中国林木生物质能源发展潜力研究课题组. 中国林木生物质能源发展潜力研究报告 [J]. 中国林业产业，2006 (1)：5 - 11.

[185] 中华人民共和国财政部. 关于促进节能服务产业发展增值税营业税和

企业所得税政策问题的通知[EB/OL]. http://www.gov.cn/zwgk/2011-02/17/content_1804866.htm [2011-2-17].

[186] 中华人民共和国国家发展和改革委员会. 国家发展改革委关于完善农林生物质发电价格政策的通知 [EB/OL]. http://www.nea.gov.cn/2010-07/28/c_131097727.htm [2010-7-28].

[187] 中华人民共和国国家发展和改革委员会. 可再生能源发电价格和费用分摊管理试行办法 [EB/OL]. http://www.ndrc.gov.cn/zwfwzx/zfdj/jggg/200601/t20060120_128916.html [2006-1-4].

[188] 中华人民共和国国务院办公厅. 国务院办公厅转发发展改革委等部门关于加快推行合同能源管理促进节能服务产业发展意见的通知[EB/OL]. http://www.gov.cn/zwgk/2010-04/06/content_1573706.htm [2010-4-6].

[189] 周昌仕, 侯晓梅等. 广西地区牡蛎产业的特征及发展策略——基于养殖户、企业、政府管理部门的深度访谈调查[J]. 江苏农业科学, 2016, 44(1): 422-426.

[190] 周佩霞, 盛虎. 图书出版产业链演化下天舟文化投资战略研究[J]. 财务与金融, 2016(1): 27-31.

[191] 周宏春, 刘燕华. 循环经济学(第二版)[M]. 北京: 中国发展出版社, 2008.

[192] 周忠丽. 中国西甜瓜流通效率及影响因素研究 [D]. 北京: 中国农业科学院博士学位论文, 2014.

[193] 朱凤涛, 李仕明, 杜义飞. 关于价值链、产业链和供应链的研究辨识[J]. 管理学家(学术版), 2008, 1(4): 373-380, 402.

[194] 朱玉林, 陈洪. 基于可持续发展理论的林业循环经济研究 [J]. 生态经济, 2007(6): 108-111.

[195] 邹辉霞. 现代管理系列教材, 供应链物流管理 [M]. 北京: 清华大学出版社, 2004.

[196] Bentler P. M., Chou C P. Practical Issues in Structural Modeling [J]. Sociological Methods and Research, 1987(16): 78-117.

[197] Berndes, G., M. Hoogwijk and R. Van den Broek. The Contribution of

Biomass in the Future Global Energy Supply: A Review of 17 Studies [J] . Biomass and Bioenergy, 2003, 25 (1): 1 -28.

[198] Cherubini F. , Jungmeier G. LCA of a Biorefinery Concept Producing Bio-ethanol, Bioenergy, and Chemicals from Switchgrass [J] . Int J Life Cycle Assess, 2010 (15): 53 -66.

[199] Davis G. A. , Owens B. Optimizing the Level of Renewable Electric R&D Expenditures: Using Real Options Analysis [J] . Energy Policy, 2003, 31 (15): 1589 -1608.

[200] Elobeid A, Tokgoz S. Removing Distortions in the U. S. Ethanol Market: What Does it ImPly for the United States and Brazil [J] . Amer J Agr Econ, 2008, 90 (4): 918 -932.

[201] Fike, John & J. Parrish, David & D. Wolf, Dale & A. Balasko, John & Green, James & Rasnake, Monroe & H. Reynolds, John. Long - term Yield Potential of Switchgrass - for - Biofuel Systems [J] . Biomass and Bioenergy, 2006, 30 (3): 198 -206.

[202] Gereffi G. , Korzeniewicz M. Commodity Chains and Global Capitalism [J] . Contemporary Sociology, 1994, 24 (24) .

[203] Gereffi G. , Humphrey J. , Sturgeon T. The Governance of Global Value Chains [J] . Forthcoming in Review of International Political Economy, 2005 (2): 78 -104.

[204] Halder P. K. , Paul N. , Beg M. R. A. Assessment of Biomass Energy Resources and Related Technologies Practice in Bangladesh [J] . Renewable & Sustainable Energy Reviews, 2014, 39 (6): 444 -460.

[205] Hines P. , Rich N. , Bicheno J. , Brunt D. , Taylor D. , Butterworth C. Value Stream Management [M] . Britain: Financial Times, 2000.

[206] Hofman W. J. , Trienekens J. H. , Zuurbier P. J. P. Information and Communication Technology (ICT) for Food and Agribusiness [M] . Wageningen: Wageningen Academic Publishers, 2000.

[207] Hoogwijk M. , Faaij A. , van den Broek R. , Berndes G. , Gielen D. ,

Turkenburg W. Exploration of the Ranges of the Global Potential of Biomass for Energy [J]. Biomass Bioenergy, 2003, 25 (2): 119 – 133.

[208] Hill L. J., Hadley S. W. Federal Tax Effects on the Financial Attractiveness of Renewable Versus Conventional Power Plants [J]. Energy Policy, 1995, 23 (7): 593 – 597.

[209] Jon Lawrence, Chris C. Beedle, En – Che Yang, James Ma, Stephen Hill, David N. Hendrickson. High Frequency Electron Paramagnetic Resonance (HFEPR) Study of a High Spin Co (Ⅱ) Complex [J]. Polyhedron, 2007, 26 (9 – 11): 2299 – 2303.

[210] Michael Porter. Competitive Strategy [M]. New York: Free Press, 1980.

[211] Rayport J. F., Sviokla J. J. Exploiting the Virtual Value Chain [M]. Boston: Harvard Business School Press, 1999.

[212] Ronald R., Joseph B., James A., Shushuai Z. Global Outlook for Wood and Forests with the Bioenergy Demand Implied by Scenarios of the Intergovernmental Panel on Climate Change [J]. Forest Policy and Economics, 2010 (12): 48 – 56.

[213] Roos A. Policy and Institutional Factors Affecting Forest Energy [J]. Bioenergy from Sustainable Forestry Sciences, 2002 (71): 299 – 320.

[214] Schmidt J., Leduc S., Dotzauer E., Kindermann G., Schmid E. Potential of biomass – fired Combined Heat and Power Plants Considering the Spatial Distribution of Biomass Supply and Heat Demand [J]. International Journal of Energy Research, 2010, 34 (11): 970 – 985.

[215] Tabachnick B. G., Fidell L. S. Using Multiwarieate Statistics (5th ed.) Needham Heights [M]. Allyn and Bacon, 2007.